# 为什么离职的多是好员工

## 企业留住优秀员工的10条法则

[美]李·科克雷尔（Lee Cockerell）———— 著

陈红梅————译

CREATING MAGIC

民主与建设出版社

·北京·

谨以此书

献给

13 岁的朱利安·查尔斯·科克雷尔，
10 岁的玛戈特·桑珊·科克雷尔，
7 岁的德雷斯坦·李·科克雷尔，
你们是明天的领导者。
你们一直激励着我成为更好的领导者和榜样。
爱你们的爷爷！

# 前 言

　　李·科克雷尔（Lee Cockerell）携最新大作《为什么离职的多是好员工》，货真价实地创造了一个奇迹！10年来，李以华特·迪士尼世界®度假区运营执行副总裁的身份，带领4万员工，为迪士尼主题乐园和度假区的数百万顾客创造着奇迹。我们将在本书中，跟随李一起进行一场关于领导力的探索旅程——不是单纯地"纸上谈兵"似的理论学习，而是付诸行动，教会你如何在实践中打造一支激情洋溢的团队，一支拥有坚定信念的团队："我们的工作不是奇迹，但是，我们的工作创造了奇迹！"《为什么离职的多是好员工》并非想要指导您如何创造奇迹，而是展示商界奇才李·科克雷尔的"奇迹"创造经历。

　　在这场关于领导力的旅程探索中，我们会学习到一些有关创造奇迹的常识性经验，我们可以将这些经验用在自己的工作、企业文化中实践，或是放到我们未来的规划中。李展示了，在迪士尼公司领导力如何从尊重所有人——包括客户和团队成员（不是"雇员"）开始。而他的方法，也让我们记住彼得·德鲁克（Peter Drucker）和他的管理哲学："他们不是你的雇员，而是你的队员。"在这本书中，作者将他自己所学到的经验教训凝练成互相关联、充满启发、催人奋进的有力短句。

李开发的"迪士尼的卓越领导力策略"是本书的基础，这本书可以作为未来领导者的使用手册。李的人生故事表明，培养迪士尼公司所有人的参与感、投入感和主人翁意识，能带来昂扬的斗志、高效的生产力和切实的成果。他的经历是关于旧的层级管理结构向灵活包容的管理结构转变的故事——从"命令"向"询问"转变。这些使命、价值观和策略使迪士尼公司成为一个优秀的学习型组织，也使来自全世界的人们聚集在迪士尼学院®里，一起学习如何成为更出色的领导者。

李·科克雷尔曾在俄克拉何马州一个尘土飞扬的农场工作过，之后上了大学，后来参加美国陆军，最后进入服务和娱乐业。他从这些经历中学到的经验教训，对他日后成为领导者有着不可或缺的作用。

他对包容的力量认识深刻，后来将它发展成为"RAVE"，即尊重（Respect）、感激（Appreciate）和重视（Value）每个人（Everyone）。他在本书中总结出了创造包容文化的 10 条策略，为我们指明了清晰而有力的方向。这本书贯穿始终地传达了人的价值以及如何通过将质量、特性、真实、沟通、学习、勇气和正直注入你所做的每件事中以重新定义未来。

即使是本书的致谢部分，李也不忘感谢迪士尼世界®的所有员工："感谢你们多年来教给我的一切，你们就是奇迹！"李的领导艺术从来都是关于他的员工，而不是他自己的。面对未来的不可预测性，需要那些有原则、有道德和有效率的领导者——他们不是简单重复过去的领导策略和哲学，而是重新定义未来——一个充满机遇、充满挑战、充满不确定性的未来。李·科克雷尔将其从自己生活中学到的经验，为我们通往领导力的旅途中提供了一幅路线图、一本使用手册。未来的领导者需要走向充满不确定性的时代，《为什么离职的多是好员工》这本书将变成他们的指导手册。

本书中提供的经验适用于各个水平、各种类型的组织，各个国家的领导者。李的通用领导力策略能够使所有的人都明白"领导力不是一个头衔或职位，而是个人职责"。

我保证，这本书将帮助你在企业生活、团体生活和个人生活中创造奇迹。

现在，李经常旅行、演讲、写作、应酬，并像他在本书中做的那样慷慨地分享他的经验。

领导人学会董事长兼创会主席

弗朗西斯·赫塞尔本 ① （Frances Hesselbein）

---

① 弗朗西斯·赫塞尔本是领导人学会（Leader to Leader Institute，前身是彼得·德鲁克非营利管理基金会）的董事长和创会主席。她在 1976 年至 1990 年担任美国女童子军首席执行官和德鲁克基金会创会主席期间表现出卓越的领导力，并因此在 1998 年被授予总统自由勋章——美国平民的最高荣誉。前总统克林顿公开赞扬过她："赫塞尔本夫人是妇女、多样化和包容的先锋。"前总统乔治·H.W. 布什也非常认可她的贡献，两次任命她为国家和社区服务的总统委员会成员。

# 目录

第一章　你要相信你的员工会创造奇迹　　　　　　　　　　001

第二章　从农场挤奶工到迪士尼总裁的奇妙之旅　　　　　　019

第三章　策略一：重视员工，否则他会成为别人的左膀右臂　037

第四章　策略二：打破常规，关键岗位用对员工　　　　　　061

第五章　策略三：员工才是企业最闪耀的品牌，而老板不是　091

第六章　策略四：培养自己的员工，这才是核心竞争力　　　121

第七章　策略五：锻炼员工，绝对不是让困难压跑员工　　　149

第八章　策略六：愿意了解真相的领导，才能留得住员工　175

第九章　策略七：请仰视你的员工，他们不是打工仔　195

第十章　策略八：创造领先条件，让员工更有归属感　219

第十一章　策略九：领导说者无意，但员工听者有心　241

第十二章　策略十：人格魅力，才是吸引员工最大的"磁铁"　259

第十三章　给员工看得见的未来，企业才有未来　273


附　录　迪士尼学院　278

致　谢　281

# 第一章

## 你要相信你的员工会创造奇迹

"并非奇迹让团队运作，而是我们的工作方式创造了奇迹。"华特·迪士尼世界®度假区的每个工作人员都谨记这一原则，并由此为客户带来了神奇的体验、为公司带来了经营业绩。你也可以创造奇迹——为你的公司、你的家庭和你的团队——采用本书讲述的领导力策略。

我担任迪士尼公司高级行政主管 16 年了。虽然这 16 年间，我不断重复上面这句话，但是直到 2004 年夏天，迪士尼世界® 在一个多月时间里三次遭到大规模飓风袭击的时候，我才真正体会到它的力量，就如飓风般强大——这种说法一点也不夸张。通常来说，热带风暴不会给奥兰多带来过于严重的破坏，因为它距离海岸约 80 公里。事实上，44 年来，这座城市从未遭到过飓风的直接袭击。但是 2004 年，飓风"查利"和"弗朗西斯"如同两记连续迅猛的重拳，重重地袭击了奥兰多。

8 月 13 日，星期五，飓风"查利"以每小时 168 公里的风速席卷了奥兰多，刮断了树木和电线，掀翻了屋顶。两周后——劳动节的周末，奥兰多还没有从上一次的暴风袭击中恢复元气，接着又遇到了强度和破坏力毫不逊色的飓风"弗朗西斯"。而当天，迪士尼世界® 正在接待大约 75 000 名游客。这两次飓风袭击都让我们被迫关闭主题乐园。在此之前我们一共也就关闭过两次，一次是

"9·11"那天，另一次是1999年飓风"弗洛伊达"来临时，幸运的是，那次飓风在最后时刻转向了。但是这次，我们必须未雨绸缪，在47平方公里的区域上做好各种安全防护工作，俄克拉何马州工作量相当巨大。

关于那次严酷的考验，我记忆最深的不是可怕的风暴，也不是在应急行动中心与我的团队一起制订计划以确保客户和员工安全度过的那些不眠之夜。让我始终难以忘怀且记忆犹新的是我们员工的奉献精神，是我们之间精确无误的联络沟通，是所有人平静地做着各自该做但以前却从未做过的事情。我记得专注于将枝形吊灯捆绑牢固、将桌椅用绳子捆到一起码好、将售货车在地面上固定好的员工们的身影；我记得在酒店大堂里安抚吓坏了孩子们的"米奇""米妮""灰姑娘"和"高飞"。而我印象最深的是，5 000多名员工在那个暴风雨之夜守在公司资产边，以便可以随时做任何能做的事，还有数不清的员工在确保能够安全离开家门后，便迅速赶到公司，挽起袖子投入到工作中去。

我同样记得，夜半时分，飓风"查利"才终于平息。员工们即便都累坏了，也依旧继续坚持工作——清理废墟，运送物资，拖走数千棵被毁坏的树木。那是具有纪念意义的努力，大家万众一心，使主题乐园迅速恢复就绪，为接待游客做好准备。一些游客已经在房间里被困了18个小时。次日清晨，我们准时开园。当游客鱼贯而入时，他们惊奇地发现阳光下的主题乐园看起来纤尘不染，各种娱乐设施如常运行，完全看不出前一夜曾被"飓风"袭击过。然而，游客们看不到员工们为了让这一切正常运行在幕后团结一致所做的努力，以及迎接客人时微笑背后的压力与疲倦。当佛罗里达州中部地区的许多其他景点和公司停止营业，当地市政部门还在努力修复电力设施、清除道路障碍时，迪士尼世界®却在创造奇迹。

我非常自豪我是迪士尼世界®的运营执行副总裁。我和我的同事在全公司推行的领导价值观的所有努力都得到了显著的回报，我们知道，我们的基本原则已经发挥了作用。但是，当一切正常时，很自然会认为大家都干得很好。而真正考验人们的时刻是危机来临之时，得益于我们稳固的组织架构及有序的工作流程，每个人都能准确地知道自己该去何处、做何事。更重要的是，每一位员工从精神上和情感上都认同迪士尼世界®的理念，并将它落实到了自己的每一个行动中——待客户如挚友，让他们体验一生中最完美的假日。迪士尼公司的每一个人，无论是高层主管，还是新来的员工，都以自己卓越的奉献践行着这一理念。

让我更加骄傲的是，我们公司在飓风过后立即着手开展对遭受重大损失的员工和当地居民的救援工作。公司上上下下都参与到了救援工作中，要么直接捐款，要么将休假时间折现间接捐助。这些捐助和华特·迪士尼公司随后直接捐助的数百万美元让我们能够为那些身处困境的人们提供大量财政、补给、住所、儿童看护和其他服务方面的援助。

总而言之，灾后那段糟乱的时期里，员工表现出色，体现了强烈的责任感。无论哪个公司，只要其领导者能够对员工充满尊重并将他们团结在一个共同的目标下，都能有这样出色的表现。一切恢复如常后，我们收到了数百封来自客户的感谢信。我读完后做出了一个决定——我退休后要写一本关于迪士尼领导力策略的书，让各行各业的人们学习到如何在他们各自的组织和生活中创造同样的奇迹。你现在正在读的书就是我之前决定写的那本。我确信，只要你能按照本书的 10 个领导力策略去实践，无论你现在身处什么职位——第一份工作刚刚起步也罢，担任跨国公司首席执行官也罢——你都会成为更优秀的领导者。

## 迪士尼世界®里的世界

华特·迪士尼世界，一个人人都神往的地方，是世界上最大的旅游目的地和最大的会议承办地之一，相当于一个旧金山或者两个曼哈顿的面积。它坐拥 100 余平方公里的土地，拥有 31 000 多间客房、32 家酒店、几百家餐饮和零售点、4 个主要的主题乐园、1 个集运动与娱乐于一体的综合大型娱乐设施中心、1 个购物与娱乐度假村，以及 268 公里长的道路。华特·迪士尼世界®拥有 59 000 名员工，是世界上在单一地点拥有员工最多的雇主。我的工作就是确切了解这个庞大王国中的大大小小的事情，并确保它能正常运营。

这 10 年，我负责确保从清理垃圾到娱乐设施运行的一切事务都运行得像瑞士手表一样顺利完美。为了做好工作，那些年我阅读了成千上万封客户的来信以了解我们的客户在迪士尼世界®的体验是否良好。因此，我可以毫无疑问地说，不仅仅是舒适的天气、精彩绝伦的表演和刺激的娱乐项目吸引了数百万人每年都来到迪士尼世界®，这些因素当然都很重要，但是我们的极致服务才是真正创造奇迹的最关键因素。我们是如何维持高质量的服务水准的呢？59 000 名员工中的每一个人都要进行培训，训练他们以最极致的关心与尊重对待每一位客户。迪士尼公司的领导者也在以同样的方式——以最极致的关心与尊重——对待他们，因此他们才能始终如一地遵循这一要求。

如果你觉得听起来像是在宣传一部自我感觉良好的迪士尼电影，我可以保证，绝不是那样的，这是一套理性的、有力的、实际的商业策略。它为迪士尼公司带来了大量的利润、惊人的高达 70% 的客户回头率以及服务业所有大公司中最低的员工流动率。这个秘诀其实很简单：领导者信念坚定、忠于职守、鼓舞人心，营造出一种充满关爱的文化，这样的企业文化带来优质的服务，优质服务让客户满意，而客户的满意必然带来可观的商业利润和强大的竞争优势。

产品和服务很容易被复制。因此，如果你的公司的竞争优势仅仅依靠产品和服务是很危险的。但是，如果你的公司的竞争优势建立在产品、服务和优质服务的基础上，你将拥有令竞争对手难以匹敌的优势。而只有你的公司内部营造出充满关爱、充满尊重及以人为本的文化氛围，你才能得到优质服务。关心你的员工，他们就会关心你的企业，不是因为他们必须这么做，而是因为他们内心想要这么做。

## 与变化同行

当华特·迪士尼本人半个多世纪前首先想到主题乐园时，

他就想好了优质服务的模板。1982 年，公司声名大噪，因为汤姆·彼得斯（Tom Peters）在其畅销书《追求卓越》（In Search of Excellence）中大肆赞扬迪士尼公司，并特别介绍了迪士尼公司的员工培训体系。

迪士尼世界®的经济效益在整个 20 世纪 80 年代都持续辉煌着。但到了 90 年代初，公司的某些管理模式开始显得有些过时，形势开始变化，竞争对手开始赶超我们。变化不断的社会环境越来越摒弃之前那种独断专行、自上而下发号施令的领导方式。管理专家们预言，民主的、参与式的环境更适合新一代的员工与管理层。贾德森·格林（Judson Green），当时迪士尼公司主题乐园和度假区部门的总裁，有远见地意识到：迪士尼公司正处于危机中，如果华特·迪士尼世界®要适应不断发展的社会并保持行业领先地位，公司文化必须改变。

贾德森有一种直觉，公司保持良好盈利状况的关键在于为客户提供一种精彩的体验，如此，他们就会一次又一次地光顾迪士尼世界®并且将迪士尼世界®推荐给他们的家人和朋友。他推断，顾客所体验到的服务质量将决定客户的满意度。毕竟，对多个行业的研究表明，对待客户的方式才是影响客户满意度的关键因素，而不仅仅是产品本身。贾德森知道——我在我的职业生涯中也有同样的心得，"如果你想要你的员工为客户提供优质的服务，那么你就得为他们提供优秀的领导艺术"。几年后，我们通过一项研究对这一理论进行了验证。结果清楚地表明，客户很可能再次光临，如果他们对上次的游玩很满意的话。而客户的满意度取决于与员工的互动，当他们之间有良性互动时客户的满意度最高。而实现这一切的关键呢？就是卓越的领导能力。研究还发现，在客户满意度方面得分最高的事业部都有一个共同点，就是他们的领导都善于倾听、指导员工、认可员工的努力并且给员工自主决定权。简而言之，优秀的领导力成就员工的优秀，进而带来客户的满意度与有力的企业效益。换句话说，要想赢得客户的满意度，就得先有优秀的领导能力。

迪士尼的成功方程式

领导力→优秀的员工→客户满意度→企业效益

于是，贾德森·格林和公司新的执行副总裁阿尔·韦斯（Al Weiss）开始着手改进华特·迪士尼世界®的管理模式来实现这一方程式。这就是我为何在那时来到了华特·迪士尼公司。

1993 年 5 月，我还在法国任欧洲迪士尼度假区（即现在的巴黎迪士尼乐园）的运营副总裁。当我接到华特·迪士尼世界®度假区高级运营副总裁的任命——成为阿尔·韦斯的直接下属时，我和我的妻子普里西拉（Priscilla）正在筹备我们的儿子丹尼尔（Daniel）和美丽的儿媳瓦莱丽（Valerie）的婚礼。我相信有诸多原因让我得到那次晋升，其中一个原因一定是因为我对卓越领导力充满热情。我曾经与贾德森在巴黎共事，他知道我多年来一直在研究领导力的课题，并且知道我在迪士尼公司以及更早之前在万豪酒店工作时就已经在实践那些重要的领导原则了。

于是，我和普里西拉收拾好行囊搬到了佛罗里达州。很快，我就在这个世界上最成功的度假区的企业文化改革中发挥了关键作用。我受命进行的工作很明确：在这个快速变化的时代，迪士尼的管理模式必须富有创造性和创新性，就像它的卡通绘画师创作电影及它的规划设计师设计娱乐项目那样。我们需要的领导者，应当既能管理企业又能激励员工适应 21 世纪的要求。

## 过渡时期

那时，迪士尼公司已经很出名了，因为其出色的员工培训项目，但这些培训项目却不包括领导力培训。这种情况必须改变。现在我们将自始至终赋予员工明确的目标，通过不间断的教育，激发出员工的优秀领导力，并令其形成一项制度。这项制度是为了通过在全公司传播责任和自主权来挖掘出卓越的领导力，它涉及公司的每一位员工。我们认为，公司所有的员工——无论是布景工、清洁工，还是首席执行官——都能够发挥其领导才能并做出积极的改变。我们要让所有员工都知道，我们不仅仅会以经理和行政主管的身份凭借经济效益上的业绩来评估他们，我们也会查看他们是如何取得这些业绩的。我们期望每一位员工都能够实践自己的价值观和理想。我们期望领导们都能鼓励员工持续学习并表现出对员工的想法及需求的强烈重视，从"我说了算"变成"你有什么想法？"

通往卓越绩效的路上最初是坎坷的，阻力会与改革相伴而生。一些保守者不愿变革。他们说出许多诸如"公司又没什么问题，为什么还要进行改革？"之类的话。改革的过程中，一些能干的经理和优秀的领导者离开了公司。不过最终，我们的新方向取得了巨大回报。

公司里的大多数领导者看到了我们所做的事情的价值后就学着适应，虽然有时候并不容易。一个典型的例子就是汤姆·内比（Tom Nabbe）。汤姆在阿纳海姆迪士尼乐园刚开业时就在那里工作了，那时他刚上初中。红头发、满脸雀斑的他，成了汤姆·索亚岛上的第一个"汤姆·索亚"。后来，他进入了管理层。1971年，他被调往奥兰多，最后当上了仓储配送服务部的经理。在迪士尼公司30多年的工作经历让他早已经习惯了过去的管理模式——领导下达命令，员工们准确无误地执行。现在，汤姆要像其他所有经理一样向后退一步，减少对员工的控制并鼓励他的团队成员制定自己的工作流程，自己发现解决问题的方法。他回忆道："那段时间我一直在反思，我最初是有些怀疑的，不过这场'卓越绩效运动'背后所蕴含的哲学开始变得有意义。我学会了如何发展真正的团队协作——我们所做的一切都是为了支撑我们所说的'三条腿'，即客户、员工与业绩指标。我变成了更好的领导者，每件事开始进行得更好、更快，而且成本也更低。"

2003年，汤姆退休了，他在迪士尼公司一共工作了47年。他还记得新技术引入物资处理流程中的那些日子。当时，主要操作流程需自动化，面对这样的挑战，一线员工直面困难，迎头而上，最后产品从仓库到达终端用户手中的时间大大缩短。汤姆的工作团队也得到了商业杂志和业内专家的赞誉。如果是在旧有管理模式下，工人肯定不满。而在新的管理体系下，情况却大不相同。因为员工们从观念上到行动上都已经与公司融为一体，他们充满了主人翁意识，并且他们的创意也被事实证明是很有价值的。

我们很快就在公司的改革调整到位后看到了实实在在的成效，这些成效让汤姆和其他经理深信我们朝着正确的方向前进。我们在年度领导力调查中的平均得分提高了，而且每年都以业内分析人士难以置信的速度持续上涨。

## 卓越领导力策略

两年后，也就是1995年，我决定将新的领导力哲学的基本理念进一步具体化，因为我意识到这种新的领导力哲学并没有像我们所希望的那样得到迅速全面的贯彻执行。我利用自己在35年的服务业工作经历中所学到的一切，加上一个朋友和一个名叫杰米·康格鲁斯（Jamie Conglose）的管理顾问的帮助，最终得以将这些基本理念表述成一种清晰、简捷、易于遵循的形式。这些理念后来被称为"迪士尼卓越领导力策略"。很快地，"迪士尼卓越领导力策略"就成为公司7 000名领导者在实际工作中运用的基本原则。本书内容也是以这些策略为基础来撰写的。

这些策略被实施，公司的业绩迅速增长——回头客的比例平稳提高；每年领导力评分大幅上涨；员工流动率仅为行业平均水平的三分之一，在服务业所有公司中最低。这些领导力策略首度亮相仅花了8个星期。我先与我的直接下属一起斟酌每条策略和具体的实施方法，他们再与他们的直接下属就细节问题讨论两周，之后，沿着管理链条层层向下，每位经理都研究过了这些策略。最后，我们将这些策略与实施方法印发至所有员工手中，让他们知道他们的经理应该具有怎样的领导行为。因为所有的员工都学习了这些策略（这些策略甚至被刻录在 CD 上，以方便员工借用或购买）。每一个人——从舞台布景工到部门主管再到高层管理者——都全力以赴地朝着同一个目标努力：确保每一位客户在迪士尼世界®度过一生中最美好的时光。

如果没有这些强有力的价值观以及来践行这些价值观的扎实的领导力培训，华特·迪士尼世界®很可能无法以至今仍然享有的非凡声誉与竞争优势度过动荡的 20 世纪 90 年代。

相信我，不只是主题乐园和度假区适用这些领导力策略，也不只是像迪士尼这样的世界知名品牌才适用这些策略，它们在各行各业、各地各处也都很有效——无论是街角小店还是零售加盟店，无论是医院还是保龄球馆，无论是华尔街还是硅谷，无论是英国的银行还是德国的汽车厂，无论是日本的电子公司还是印度的商务呼叫中心。它们不只对商业界有效，对诸如学校和宗教组织等非营利机构，以及社区、军队甚至家庭等也都有效。毕竟迪士尼公司与任何企业一样——追求利润、处理严肃的商业失误、面对激烈的竞争，而最强的竞争力就是它自身的声誉。

这么多年来，我通过数百场研讨会和演讲将同样的领导力原则传授给了来自不同地方、不同文化背景的领导者，还从未在任何地方发现有任何人不认可这些领导力策略的有效性。总之，任何希望自己能做出一番成绩并以积极的领导艺术留名青史的人都能从本书阐述的领导力策略中获益。

特里希·亨特（Trish Hunt），我的前同事就是一个很好的例子。她将卓越领导力策略作为指导运用在许多不同方面并且取得了成功。她在华特·迪士尼世界®人力资源部就职时首次学习了这些领导力原则，这些原则你也即将从本书中学习到。她后来将这些原则运用到她在库柏镇梦想公园及两家大型金融机构的行政主管的工作中。她告诉我："如果没有卓越领导力策略作为参考，我不会取得现在这样的成功。运用我学到的领导力知识、遵循不同的步骤、与其他行政主管及员工分享关于这些策略的想法，帮我打开了通向成功的大门。这些领导力策略转化成了出色的工作业绩和效率。我在一家银行工作的 3 年间，我的直接下属都没有被撤换或辞职，客户满意度也平稳上升，并且卓越领导力策略的具体方法让我减少了数百万美元的预算。"你还将在本书中从其他领导者那里听到关于他们在各自的企业里成功运用卓越领导力策略的经历。

## 迪士尼学院®

酒香不怕巷子深，迪士尼很快盛名远播。不久，我们建立了一所设施完备的职业开发学院，因为越来越多的企业想学习迪士尼的培训方法。现在，每年有 10 多万人来到迪士尼学院®学习开放注册课程以及量身定制的课程，他们想借此提高领导技能、经营行为水平、工作环境质量和客户服务质量。

迪士尼学院®吸引着来自各行各业的客户——从卫生保健到金

融服务再到制造业——来自几乎每一个拥有现代经济的国家。比如，在最近的一次研讨会上，参加会议者有来自南非矿业公司的人，有来自加拿大大型餐饮连锁企业的人，有来自加利福尼亚州沙漠公园园区的人，有来自宾夕法尼亚州一所规模不大的大学的人，有来自国际投资银行公司的人，有来自寄养服务机构的人，有来自密西西比州一家小型汽车代理经销公司的人，有来自大型保健护理机构的人，有来自摇滚名人堂和博物馆的人，有来自惠普公司以及美国国家安全局的人。其实，就我在编辑本书时，《华盛顿邮报》（*Washington Post*）还在报道"沃尔特·里德国家军事医学中心要求其 2 000 名雇员都要参加迪士尼学院®的培训项目"。这家医院也正在实施一场充分的文化变革，为了确保所有人离开医院时都有良好的体验。他们提供给病人的医疗保健质量一直都很好，但是，病人及其家属对短缺的住院设施及令人沮丧、充满官僚习气的残疾评估程序的抱怨已经广为人知。他们转向迪士尼学院®学习以改变医院文化。帕特丽夏·D.霍洛霍（Patricia D.Homho）上校，沃尔特·里德国家军事医学中心健康护理系统的主任，解释道："当你走进我们医院时，我们希望你在这里获得能够获得的最好体验。"

　　迪士尼学院®看到卓越领导力策略在实践中的效果后，也开始将其加入到培训项目。卓越领导力策略现在已经成为迪士尼学院®核心课程的基本原理，成为"卓越领导力""质量服务"和"组织创造力"等课程的基础内容。实质上，迪士尼学院®将迪士尼公司在实际运营中的真实案例分析运用到课堂教学中，教会各种类型的公司如何将迪士尼的方法运用到他们自己的企业或行业中去。学院的培训课程将理论与实践衔接得如此快速而紧密，以至于培训一结束，受训人员就能立马在他们的组织中应用所学内容，并使他们本人成为更好的领导者。（若想了解更多关于迪士尼学院®的信息，请参阅附录。）

关键是当参加培训的每个人离开时，都收获了一些能够让他的企业取得更好效益的诀窍。为什么呢？因为领导力策略问题是所有经营管理问题中的核心问题。你期待的一切成就，其实都依赖于卓越的领导力；而且，让你取得成功的领导力策略都是一样的，与你所处的行业领域、身处的大洲，提供的产品与服务种类、雇用的员工数量等无关。

后面章节中的观点既简洁又深刻。它们听上去似乎是一些过时的常识，它们的确是常识，但遗憾的是，它们还未成为一种习惯性的做法。我一生中认识的很多有威信、能干的行政主管，他们中的大多数都能够非常详细地阐述他们的经营策略，但却很少谈他们的领导力策略。而且，他们当中的很多人只是发表观点，却从不实施。他们做到了培训出管理企业的人，但是还没有领会到管理与领导之间的关键性差异。我也是跌跌撞撞地走过许多弯路后才学习到：企业效益绝对离不开管理技能，但是管理技能还不足以造就卓越，卓越的造就需要大家普遍认同的领导艺术。

关于领导力的重大误解之一是人们认为领导力是天生的，后天无法学到。所以，人们认为领导者也是天生的，而不能后天被造就。另一个误解是认为领导力与头衔、工作描述及薪金等级等同。但事实并不是这样的，领导力不只是一种角色，更是一份职责——重大的责任。领导者要做的是撇开自己的好恶、他人之好恶，在恰当之时、以恰当的方式，做必做之事。领导者还要最大限度地挖掘他人的潜力，推动企业走上良性发展的轨道。我认为，好的领导者一定是环保主义者，他们的责任就是去创造一个平和、清爽、充满朝气、干净、无污染、无毒、无废弃物的可持续发展的营商环境，在这样的环境中每个人都散发着勃勃生机。

每一个人都有这样的领导力潜质。任何一家企业的任何水平的员工都能学到本书中所描述的那种自上而下的领导力原则，并且可预见如下结果：信任感增强、工作动力变足、团结协作意识提高，全公司形成共鸣的情感联结，这种共鸣在员工之间相互传递，并向外传递至客户心中。

这就是区分平凡的工作表现与充满奇迹的工作表现的关键。我不断地看到，在本书的领导力策略帮助下许多管理者转变成为领导者，低水平领导者转变成为高水平领导者，高水平领导者转变成创造了员工都梦寐以求的让顾客一次又一次故地重游的环境的卓越领导者。

本书的目的是向现在的及潜在的领导者提供这十条让迪士尼世界®创造了奇迹，也让迪士尼学院®的客户创造了奇迹的强大的领导力策略。其中的两条策略强调了组织架构与业务流程的基本要点，其他几条则把重点放在与人打交道上。这种二八开的比率反映了鼓励、激发、传授和其他软实力的极端重要性。我在演讲中也对每位听众传达了同样的意思——软实力其实就是硬实力。如果你能够正确运用这些软实力，其他一切都会如你所愿，各就其位，而且过程并不困难。

　　我真希望有人能在我职业生涯初期就把这些领导力的真相教给我。（事实上，我妈妈和奶奶的确教过我，但是当我进入企业界时我却忘记了这些真相。）假如我记住了它们，我就能免于许多代价高昂的错误。我从这些错误中学习了经验，我很开心这本书将帮助其他领导者避免犯下与我一样的错误。但是，在学习这些之前，我要先讲讲我自己的生活与工作经历是如何让我一步步走近这些领导力策略的。

# 第二章

## 从农场挤奶工到迪士尼总裁的奇妙之旅

我的高中同学和老师绝对想不到我会运营一家拥有 59 000 名员工、数十亿美元资产的企业。他们大概还想着我最终只能经营着一家本地生活用品商店，假如他们知道了我的职业发展情况，很可能会惊讶得不敢相信。坦白说，我自己也感到很惊讶。我从未规划过自己的职业，也没有 5 年奋斗目标，只是尽力将工作做到最好——工作勤奋、认真负责、耐心细致、训练有素和积极向上。我就这样一直为生活而拼命工作，机遇总是在我一切就绪时出现。

不过，让我从俄克拉何马州尘土飞扬的农场走到企业的高级管理层的所有因素中，最主要的一个是：在我的整个职业生涯，我一直都在尽我所能地学习有关领导艺术的一切知识。我不做学术研究，也没有进过商学院或者在课堂上学习过组织心理学与管理学的课程。我通过在实际工作中观察优秀的领导者为何出色、糟糕的领导者为何一团糟，以及他们的行为对企业的经营产生何种效果来学习领导艺术。

我生活和成长的农场在 20 世纪 40 年代末至 50 年代初的时候还没有室内抽水马桶。家里的每个人一周七天地长时间劳动，也只是勉强维持生活。从 8 岁开始，我每天早晨都要先挤牛奶，然后再去只有一间教室的学校上学。我牵着奶牛到马路对面的邻居汤普森夫妇家去挤牛奶，他们每次给我 50 美分，桃子成熟的季节还会送我几个桃子——这让我学到：好的工作习惯会得到回报。夏天，每次爷爷开着拖拉机的时候，我和哥哥杰瑞就骑在后面的干草压捆机上，帮忙把秸秆捆扎结实。我们觉得这个活儿很有趣，而像挤完牛奶后打牛栏这样的一些劳动，非常辛苦，一点儿也不好玩。事实上，我 20 多岁在酒店餐厅为前来度假的人们端盘子的时候，才知道休假的概念。

那个时候，我家里的生活就像家庭收入一样不稳定。我妈妈在我高中毕业时已经结过四次婚了（后来她又结了一次）。尽管如此，我妈妈仍然意志坚定。那时我并没有意识到她的坚定，不过她是我所知道的最卓越的领导者之一：强硬坚决又不失和蔼细腻。她不仅非常清楚地知道自己希望哥哥和我长成什么样的人，还向我们解释她为何坚持这些标准并确保我们明白不遵守这些标准会导致的不良后果。这不就是一个企业领导者应该做的吗？所以，我后来以"像妈妈一样管理"为题发表演讲。企业领导者的真正工作，就像一个母亲的工作一样，是帮助员工成就最出色的自己。优秀的企业领导者如同妈妈照顾自己的孩子一样服务自己的工作团队，而不是要求工作团队为自己服务。唯有这样，他们的员工才会懂得更好地服务客户，出色的企业效益也随之而来，就像可靠的父母一定会培育出可靠的孩子一样。

我多希望那时我已经很好地领悟了那些领导艺术的知识。

我青少年时期的业余时间一直都在干活，各种各样的活都做过——从火车车厢中卸下水泥、石膏灰胶纸夹板和木材，为当地药房递送处方等。我后来去了俄克拉何马州州立大学上学，因为我最后那位继父是位内科医生，有钱供我上大学。我并不是成绩最好的学生，我更像是一个实践学习者，所以我从一系列的兼职工作和暑假工作中学到了比课堂上更多的东西。我曾担任联谊会会堂的炊事管理员，那时我学会了如何为别人服务，但更多的是学会了如何与团队合作。

两年后，当我意识到大学并不适合自己后，我退学并进入了陆军服役，在军队里我被分配到烹饪学校。在我学到的诸多经验中，有一条是：要始终对工作机制和工作流程心存尊重——这也是另一条迪士尼卓越领导力策略。有一天，我要做 300 个汉堡，和面的时候我没注意加入酵母的时间和方法，结果自然很失败。我被降级去干了几天洗碗盘和削土豆皮的活儿。不过，这也是个学习机会，我学会了如何应对挫折并从错误中吸取教训。幸运的是，电动土豆削皮机坏了，而我凭借又快又好、无人能及的削土豆技能以及我一贯秉承的积极工作态度赢回了我的厨师工作。

## 进入酒店业

我以班级第二名的成绩从烹饪学校毕业，第一名是我的朋友特伦斯·比格斯（Terrence Biggs），他是一位英国职业厨师。我从他身上学到了很多东西，其中就包括花时间与可以教授你知识的人相处的重要性。特伦斯在我们的军队服役期进入尾声时告诉我，他在华盛顿特区新开业的希尔顿酒店谋到了一份工作，并可以帮我也谋得一份。那时刚 20 岁的我没有更好的事情可做，于是我抓住了这个机会。我永远不会忘记我们到达华盛顿的第一个夜晚，我们住在一家规模很小的汽车旅馆里，住的是 8 美元一晚的房间。那家规模很小的旅馆名叫"双桥万豪"。如果那时有人断言，有一天我会帮助万豪酒店发展成为行业内的主力，我一定会骂他疯子。

希尔顿酒店的人力资源部经理问我想做哪种类型的工作的时候，我自己也不知道。在那之前我从未踏入过酒店。我连亚麻餐巾都没见过，就更不用说每个餐位配有不止一把餐叉（在我家，吃完晚饭，将餐叉舔干净再吃派）了。当那位经理提出让我做宴会服务生时，我答应了，但我头脑中对那份工作要做什么一无所知。在那之前我参加的最接近于宴会的活动就是我的高中毕业舞会了，可那是在基督教女青年会（YWCA）举办的。

当我第一次看到那个可以容纳 3 000 人就座的豪华舞厅时，我震惊得心脏病都要差点发作。不过，多亏了我当农民时学到的职业操守以及当军人时学到的纪律性，我跨越了最初的障碍，还赢得了一位宴会领班的好感和庇护。他不仅教我如何折餐巾、铺桌布、把正确的酒倒入正确的酒杯中，还让我认识到了培训和发展员工的重要性——本书第六章将要阐述的一个关键领导力策略。他同样教会我始终保持职业的仪表与行为的重要性，即使你累到站着也能睡着的程度。

因为希尔顿酒店的客户和我的同事来自世界各地，所以，我在希尔顿的经历让我在社会科学家想到多元化培训之前就已经对多元化有了十分深刻的认识。我招待过很多总统、参议员、外国政要、社会名流和其他权势人物，他们当中有些人视我这样的小人物如尘土，而有些人却很尊重我们——这些人往往也是受到每个人尊敬的领导者。这些经历教会我如何对待他人。

过了很多年，我犯了很多错误之后，那些宝贵的经验才在我的人生中积淀。但是，当我开始思考领导艺术的真正含义时，关于人生阶梯底部的那段生活回忆表现出了它的极其珍贵性。

## 我当上了经理

做了几年宴会服务生后，我下决心要从事一种时间安排更紧凑、有更稳定发展前途的工作。于是，我申请了食品饮料控制办公室空缺的办事员岗位。这份工作的薪水比我之前的少多了，每周只有 80 美元。但是，我又确实想要这方面的学习机会和连续的工作时间。因此，我下班后就在一家法国餐馆当服务员赚钱支付房租。那段时间，我真真切切地体会到了报酬低、不被赏识和工作过于劳累的滋味。但是，因为时间上紧张，我学到了许多将一切都安排得井井有条的技能。多年以后，许多人都知道了我是时间管理的推崇者和教导者，也知道了我擅长使用记事清单与个人工作计划表——它们至今是我最好的朋友。

当公司宣布要选拔管理培训生时，我已经做了 8 个月的办事员。我有幸被选上了，并在吉姆·麦戈尼格尔（Jim McGonigle）（他后来成为我儿子的教父和我终生的朋友）的手下接受了一星期的培训后，当上了食品饮料部管理员助理。尽管向我汇报工作的员工人数为零，我也总算是正式步入了管理层。

把办公室搬到厨师长彼得·克莱泽（Peter Kleiser）的隔壁是我在那个职位上做出的最棒的决定。他对每一个人都很尊重，是我真正的老师。有一次，我在制订一个有3 000人参加的宴会计划时，我订购了克伦肖瓜而没有订购白兰瓜。彼得没有训骂我或解雇我，而是语重心长地对我说："李，你可以选择只当一次傻瓜或者当一辈子傻瓜。当你不知道一些事情的时候，你可以问别人。那么你就只会当一次傻瓜。"

他的观点是：好的领导者都很谦虚，愿意承认自己不懂的事情，而卓越的领导者则不断地学习新知识。回首往事，我意识到当初彼得将我们的办公室窗户安排成正对着厨房，是为了让我们能直接看到厨房内部。这样，我和员工能够更好地了解彼此，我也能够通过对员工工作的持续观察来学到新的东西。我可能会成为他们的老板，但我依然可以从他们身上学到很多东西。这一课远比读1 000本管理方面的书更有价值。

后来我又去了芝加哥，在拥有2 000套客房的康拉德·希尔顿酒店担任食品饮料部管理员。我的新婚妻子普里西拉也与我一起去了芝加哥。我们是在华盛顿希尔顿酒店工作时认识的。当时，她的办公室就在我隔壁，她总到我的办公室借用铅笔刀。我深深迷恋上了她。我努力追她追了一年后，她终于被我说服，离开了她当时的男友并与我约会。我们在一起40年了，其间经历过12次搬家和许多个人生起伏。我比任何时候都更加感激她当初选择了我，而不是她当时的男友以及他的红色小跑车。

新的职位和新的婚姻都给了我另一个重要的教训：离开良好的

人际关系技巧，你的权威——或者你自认为的权威——什么都不是。我在芝加哥的康拉德·希尔顿酒店就犯过这样的错误——在尚未与一名做厨师长的时间比我年龄还长的厨师长建立好密切关系之前，我就直接下命令想要改变一些事情。他对我的傲慢无礼和缺乏尊重如此懊恼，以至于他禁止我进入厨房。这次经历让我学到了一课：企业事务跟婚姻很相似，如果双方的关系不是建立在相互尊重和信任的基础上，双方就无法解决观点上的分歧或差异。普里西拉也曾反复告诫我这点。

## 纽约，纽约

1969 年，人类登月成功，伍德斯托克音乐节开始举办，纽约大都会队赢得世界职业棒球大赛冠军——对于一个 25 岁的农场小子来说，能置身于纽约看到这些真是难以置信。那年，我也成了纽约甚至是世界上最著名的酒店——富有传奇色彩的华尔道夫－阿斯托利亚（Waldorf-Astoria）酒店的食品饮料管理员。我就是在这里遇到了我的老板尤金·斯坎伦（Eugene Scanlon），他是我职业生涯中最重要的人物之一。华尔道夫酒店对于工作绩效和专业性的规则制定得非常严格，尤金不但把这些规则讲得清清楚楚，而且还明确指出了不遵守这些规则的后果。多亏了尤金，我学习到：如果领导想要员工表现出色，领导必须将他们对员工的期望准确表达出来。我表现得非常出色，因此一年后，我当上了尤金的助理。

这时，一个真正的导师的价值显现出来了。尤金让我出席所有的宴会、在酒店的所有餐厅吃饭，以便让我学习服务的要义。他每周一都会带着我和另一位年轻的经理——比尔·威尔金森（Bill Wilkinson）去不同的餐厅品菜，他在这些餐厅点特定的菜品和酒水，并向我们解释一些特殊的菜品是如何做出来的。他甚至自己付费让我与我的同事兼好友丹尼斯·奥图尔（Dermis O'Toole）上一门品酒课。他的大方以及为我的自我发展所做的投入强化了两项原则——培训和发展你的员工，并且要时常探索更好的方式来对员工进行培训和发展。这两项原则成了我工作方法的核心，并且最终也成为迪士尼卓越领导力策略的核心。

虽然我当时处在一个极好的条件下，有很多机会去学习，但是，有些关于如何领导他人的教训需要很长时间才能领悟透彻。一天晚上，餐厅里有位客户指控我们的一位鸡尾酒服务员伪造账单并且多收取费用。我径直走到那位服务员面前，要求查看他手中所有的客户账单，并没有给他任何辩解的机会。他颤抖着手，从托盘中抓起百威啤酒瓶就往我脸上砸，我永远不会忘记这个场景。我的右眼受伤了，缝了 6 针，这让我吸取了如何对待员工的教训：要尊重员工，尊重所有的员工!

后来我的事业之路变得跌宕起伏。1972 年，我告别了富丽堂皇的华尔道夫酒店，去了纽约州达里镇的朴素典雅的希尔顿假日酒店。作为执行助理经理兼食品饮料部总监，我终于有权管理一些东西了。虽然这家酒店只有 205 间客房，但是我们的餐厅却很受欢迎，我们的主顾基本上都既有钱又挑剔。我从这样的客户服务的过程中学到了重要一课：有些客户也许能通过权力获得超常服务，而每个人都想获得超常服务，每个人也理应享受超常服务。我的老板总爱大喊大叫，而且对员工的态度极其恶劣，所以尽管我喜欢我的新工作和新的职责，我还是去了另一家希尔顿酒店工作，谁知又遇到了相同类型的老板。我非常讨厌需要迎合水平低劣的总经理的突发奇想的工作，于是找了宾夕法尼亚州兰卡斯特的一家小酒店的工作。虽然普里西拉建议我不要接受，但我还是去了。90 天后，那家酒店破产了，我失业了。

那是 1973 年，国家经济衰退，我们不得不搬去普里西拉的父母那里与他们同住。我听到曾与我一起在希尔顿酒店工作过的同事的好消息时，我就如当时的国家经济状况般沮丧低落。巴德·戴维斯（Bud Davis）已经是万豪酒店食品饮料部的副总裁了，他给我提供了一个在费城万豪酒店餐厅担任主管的机会。比起几年前我在华盛顿那家万豪汽车旅馆待的那晚，这个公司已经有所发展，不过规模仍然很小——只有 32 家酒店，而且也相对无名。业内的朋友们都认为万豪酒店永远不会发展成业内领头羊，他们极力劝阻我接受那份工作。但我还是接受了，因为我觉得，不理想的工作也比没有工作强。很幸运地，事实证明：我的朋友们都错了，而且这个决定是我职业生涯中的一个伟大决定。

## 在万豪的晋升

我在接下来的 17 年中帮助万豪酒店发展壮大成了行业内的巨头。我的职位平稳上升，影响力也随之扩大。我每一年的业绩评分都是最高的，荣获"优秀管理者"称号，被大家认为是具有熟练且出色的组织能力并总能恰到好处地处理各种事情的人。

我总是把自我提高作为日常生活的一部分，这是我工作能够做得这么出色的一个原因。我坚持不懈地收听管理方面的磁带、阅读管理方面的书籍。但价值更为重大的是我在实际工作中学到的经验。后来因为职位原因，我需要去不同的新开的酒店。我发现，虽然每个地方的人差异很大，但是所有人都希望自己是特别的，希望自己能被尊重对待，希望能被当成独立个体来看待。酒店业很好地证明了这点。想想看，酒店和餐厅里的客户，他们真真切切地出现在你眼前，带着各种可能的情绪及身体状况，要求以自己喜欢的方式在你这儿吃好、住好、玩好，而且，他们还会对你所提供的服务立刻做出反馈。我有时觉得，每个人都应该在他的人生中当一次服务生来学这些有价值的经验。你不得不高度集中注意力，擅长发现并照顾客户的需求、提供优质服务以及经营员工关系。这些领导力原则并不仅限于酒店行业，它们几乎可以运用到你能想到的任何领域，就像我们在迪士尼学院®学到的和你将从本书中看到的那样。

虽然我渴望学习领导艺术，但我在希尔顿或万豪酒店都从未听说过任何有关领导责任的见解，也从未听到过管理和领导之间有何区别的解释。我真的希望有人曾经做过，那将省去我许多的烦恼。

不幸的是，几年前的啤酒瓶事件居然不足以让我学到"恐吓员工也许短时间有效，但不是长久之计，这并非管理员工的最佳方法，而且很容易将一份颇有发展前景的事业引入歧途"。即使后来我被一名爱惹麻烦的员工又砸了一次，我依然没有完全领悟到这个道理。

客户指责这名员工散布了种族主义言论。我面对着他，手指晃动着指着他，对他说他的工作态度不好。他一拳把我从椅子上打下来，并把夹纸板砸到了我的头上。我猜我头上新缝的14针已经足够证明他的态度确实不好。普里西拉那天夜里对我说："李，你不认为这件事是因为你对员工说话的方式造成的吗？"

她说得没错。但是，我直到经历了另一件事才彻底领悟了她的这句话。当我在万豪酒店担任食品饮料部的地区副总裁时，我有一次乘飞机去视察我们在得克萨斯州埃尔帕索的一家分店。本该前来迎接我的食品饮料部主管没有来。令我吃惊的是，他的秘书说，我要来的消息令他非常紧张，他竟然晕倒了并从椅子上摔了下来，然后住院了！那一刻真是我人生的低谷，我真有那么可怕吗？幸好，那位伙计很快康复了，我第二天晚上与他一起吃了晚饭。席间他透露，我之前在公司落下了非常固执的名声。随后我还知道了我为何与本该轮到我的职位晋升擦肩而过，因为大家都认为我对待员工非常冷酷无情。

我对我自己进行了长时间的剖析。我的事业发展已经超出了我之前最疯狂的梦想，因为我是一个不错的管理人员。但是，假如我再不改变自己不择手段的风格，我的职业生涯显然也即将走向尽头。因此，我开始着手学习如何领导，而不只是管理。我报名参加了在肯塔基大学举办的为期三天的有关领导艺术的会议。我大量地阅读有关著名商界领袖以及取得了不凡成就的人物的书籍，比如有关马丁·路德·金博士（Dr. Martin Luther King）、圣雄甘地（Mahatma Gandhi）和纳尔逊·曼德拉（Nelson Mandela）等人的书。我开始到处留意有关领导艺术的培训课程，因为世上所有的问题与冲突基本都能追溯到领导行为的失败上，所以，这种课程广泛地出现在各种类型的报纸上——头版、商务专栏、体育专栏，甚至娱乐专栏。我学会了观察卓越的领导者并学会了留意细节。比如，我观察到卓越的领导者总是关注他人而非自己，他们总是聘用适合的员工，训练他们，信任他们，尊重他们，倾听他们的心声，并在他们需要的时候站在他们身边。

当一个领导者这么做的时候，他的员工们就会进步，事情真的就这么简单。无论你有多好的产品和服务，你都需要有尽职的员工来帮助你，你要使他们感到被接纳、被欣赏，并为自己的工作感到骄傲。如果你好好对待员工，帮助他们实现理想抱负，他们一定会努力工作，用最好的表现来回报你。

我逐渐地开始将这些理念变成具体的、以实际行动为导向的领导力策略。1988 年，我当上了马萨诸塞州斯普林菲尔德万豪酒店的总经理。尽管这家酒店又小又旧，而且有些破败，我还是接受了这个职位，因为我之前从未管理过一整家酒店，并且我觉得履历中有个总经理的头衔是很棒的一件事。不过，我愿意接受这份工作的主要原因是：这个职位能让我实践我学到的领导力原则。

## 领导风格的改变

我的领导风格从专制独裁变成富有包容性之后，很快就产生了团结协作、积极主动以及逐渐提高的生产效率。我到斯普林菲尔德后做的第一件事，就是把我本在四楼的办公室搬到了酒店大堂，并且让办公室的门正对着酒店前台。我大部分时间都开着办公室的门，我告诉员工，他们随时可以来找我处理问题或是客户的投诉。我想用这些举措来告诉员工们，我不仅是所谓的老板，而且还是整个团队的一分子。而这些举措奠定了我此次高度成功的任期的基调。当我1990年离任时，一线员工和经理们为我和普里西拉举办了一个派对，派对所在的礼堂是他们凑钱租的。相信我，那种感觉比被员工打破脑袋或者员工想到要见我就晕倒的感觉要好太多了。此外，酒店的经营业绩也大为改观，因为员工们都心情愉快且充满干劲。

我后来为什么离开呢？因为迪士尼和法国。迪士尼公司行政主管桑杰·瓦尔玛（Sanjay Varma），是我在万豪酒店的前同事——至今仍然是我的好朋友，他当时在筹建巴黎迪士尼乐园。巴黎迪士尼乐园计划两年后开放，他非常希望我能负责乐园里的整个食品饮料运营工作。

其实，我在斯普林菲尔德生活得很好——我们刚刚花了1 200万美元翻新整个酒店，它看起来棒极了；我还有一支出色的团队；多亏了我新的领导方法，我的事业正蒸蒸日上，而且我也很喜欢每天完善自己的领导技能。此外，我当时的工资比迪士尼公司给我的更高。所以，我希望普里西拉叫我不要接受那个职位。不过，她让我接受了。她说："我们去吧，如果你不去迪士尼，以后回想起来你一定会感到遗憾！"

她说对了，就跟往常一样。迪士尼公司是卓越服务的黄金准则，这是我无法拒绝的一次机会。事实上，我在斯普林菲尔德万豪酒店发布过一个指令——聘用任何曾在迪士尼公司工作过的求职者。此外，我的儿子丹尼尔 1989 年夏天参加了"华特·迪士尼世界<sup>®</sup>度假区大学项目"，他对所接受的培训赞赏不断。最后的结果是，我未能抵制住迪士尼的呼唤，普里西拉也未能抵制住巴黎的呼唤。至今，我都告诉人们，是我的儿子让我抓住了在迪士尼公司工作的机会，因为他比我要早先为迪士尼公司效力。

我一到法国，就不得不开始处理一件又一件的紧急事情或是处理那些用五种不同语言写就的用于再现迪士尼卓越、谦恭和友好企业文化的大量详细材料。在开业前的 7 个月时间里，我每天 17 个小时、每周六七天地工作着。不过，1992 年 4 月 12 日那天，我们举办的一个万人开业晚会非常成功，几乎欧洲所有的草莓和虾都被我们买了，仅食品这一项的支出就超过了 100 万美元。每个人都为自己所做的出色工作兴奋不已。我所有的辛劳和努力看起来都没有白费。我们万事俱备，准备迎接在开园那天蜂拥而至的人潮。

可是，滚滚而来的人潮并没有来到。

那一个夏天可谓是一个"地狱之夏"。虽然我们准备了精彩的主题乐园和卓越的服务，但火爆的生意却并未如期而至。钱如流水般流失，营业收入下跌，压力随着收入的下跌不断上升。经理们和行政主管们不是辞职、就是调走或者被解聘。我以前也曾遇到过艰难的时候，我知道此时领导者必须保持冷静、沉着、镇定以应对重重压力。无论发生什么事情，领导者都不应该指责、抱怨或幻想出现转机，相反，他们应该集中心思利用现有资源尽力做到最好。所以，我就那样做了。开园 3 个月后，我晋升为副总裁，负责 6 家分别拥有1 000套客房的度假区的运营工作。

那只是我在迪士尼公司旅程的开端。在巴黎紧张工作了3年后，我被贾德森·格林和阿尔·韦斯调去了佛罗里达州的奥兰多担任负责华特·迪士尼世界®所有酒店运营工作的高级副总裁。有了"世界上最著名的度假目的地的主管人"这个身份，我终于有机会运用我学到的所有领导艺术了。"我们要去迪士尼世界®了！"我到家后，对着普里西拉喊道。

我到达华特·迪士尼世界®时，它正处于严重的经营衰退期，我又一次面临挑战。为了找到既能够降低成本又能够维持客户满意度的办法，几乎一周中的每天晚上我们都要开很长时间的会。我付出了许多努力，才让我们顺利地制定出许多积极的改革措施。我努力地接近员工、了解员工，也让他们了解我是怎样的人、我的工作方式以及我所看重的东西。我为了帮助员工提高工作效率并培养我与员工之间的良好关系开始教授时间管理课程。我还安排了晚上的时间与员工会面，每次两三百名员工，让员工们能够看到我的脸、听到我的声音。我提议他们可以把问题与建议传真给我，然后我会认真回复每一个问题和每一条建议。事实上，有一些从员工那里得到的想法我们至今仍在沿用。

不久之后，我被任命为负责整个华特·迪士尼世界®度假区运营的执行副总裁，责任范围包括：一共拥有25 000间客房的20个度假酒店、4个主题乐园、3个水上乐园、5个高尔夫球场、1个集购物娱乐和运动于一体的综合设施中心，以及所有的辅助功能设施。而正是在1995年，我担任执行副总裁的期间，我写了迪士尼公司的卓越领导力策略。为了写好这些策略，我总结了我人生旅程中能让我达到现在这个水平的每一个经验和教训——从应对现实商业挑战的大起大落中学到的经验，从自己的成功与错误中学到的经验，从被善待和被亏待中学到的经验，从我所遇到的糟糕的领导者、优秀的领导者和杰出的领导者身上学到的经验。

　　这些通用的领导力策略，很快成了迪士尼学院®培训课程的基础，也指引着我后来的职业之路。但是，我关于领导艺术的学习并没有就此结束。在迪士尼公司工作的每一天，我都一刻也不停地向我们服务的客户学习，向与我一起工作的员工学习。甚至到现在，当我在迪士尼学院®授课或在世界各地演讲时，我都在不断地学习与成长。就像我们在迪士尼公司时常说的那样，"只有好学者才能在这个急剧变化的时代把握未来"。这就是领导力的全部要义所在。

第三章

## 策略一：重视员工，否则他会成为别人的左膀右臂

在华特·迪士尼世界®度假区，我们平时所说的洗衣房，被称为纺织品服务部。该部门由三个规模很大而又相对独立的工厂组成：一个用于洗涤公司员工的 200 多万套工作服，另一个用于洗涤 255 个食品饮料供应点使用的亚麻织物，还有一个用于洗涤客房织物，即处理度假区所有的床单、枕套、毛巾和浴巾。员工们每天要洗涤、烘干、熨烫、折叠 24 万磅的亚麻织物，也就是每周要清洁大概 100 万件衣物。尽管很多行业内的许多酒店都将洗衣业务承包给外面的公司来做，但迪士尼公司发现，如果公司内部承担所有的上述工作，成本更低，效率更高，主要是因为领导力策略能够激励每一位员工，并让每个员工都尽力地做到最好。

1995 年左右，纺织品服务部的管理层参加了一个为期三天的关于如何吸纳各级员工参与公司决策的讨论会。后来，当管理者们向员工们宣布员工们有权利提出加强团队合作、提高生产效率和改进产品质量的办法时，员工的反应却令人出乎意料。员工们认为，如果他们参与管理，一旦出了问题，他们将会被责备甚至被惩罚，因此他们的回答基本上都是："绝不参与！"他们的反应清楚地表明：他们不信任管理层。

管理层立刻认识到了他们的错误：在制订吸纳更多员工参与决策的计划的过程中，他们忽略了这些将被赋予决策权的员工的意见，这听起来真有点儿讽刺。所以，当他们再次集中进行头脑风暴的时候，他们邀请了许多员工一起讨论。最后形成了一个行动方案，员工们愉快地在这项行动方案上签上了自己的名字，持怀疑态度的工会代表也同意了这一方案。在新方案的指导下，员工们将学习华特·迪士尼世界®的使命和价值观、了解纺织品服务部对客户满意度的影响、参与工厂有关计划的制订，参加与其他部门员工交换工作的交叉使用项目。这项方案每个方面都是为了提高员工的参与度而设计的。

新政策实施大约一年后，一切进展都很顺利以至于员工们都被赋予制定各自生产指标的自由。管理者们如此解释：如果员工能够准确知道他们的决定将对预算过程及公司的经营效益产生何种影响的情况下，员工们将做出更加明智的决定。在那时，允许一线员工制定自己的生产指标是史无前例的，因为管理者们总会认为员工们会将自己生产指标定得很低。然而，事实是：即使被告知他们若无法达成这些指标将被追溯责任的时候，大多数部门的员工也都将生产指标定得非常高。结果呢？他们真是让我们大开眼界！他们的生产力远远超出了管理层的预期。

经过许多辛苦工作以及再培训，纺织品服务部的改造工作很快取得了重大成效，不只提高了生产力，还促进了创新，提高了员工满意度。员工们不断地迸发出单靠管理层自身做梦都难以想到的改进工作以及解决问题的新方法。你稍后将在本书中读到其中的一些。纺织品服务部的员工流动率随着时间的推移平稳下降，目前每年只有5%~7%的全职员工离职率——对于任何一家公司来说，这都是相当低的，特别是在对员工体力要求很高的公司里。现在，纺织品服务部就像是迪士尼皇冠上的一颗宝石，而且作为卓越领导力策略所能产生的影响的亮点案例，在迪士尼学院®里被广为引用。

## 真正的包容

纺织品服务部的转变，是居于首位的、最重要的一条领导力原则"包容"的最好例子。包容而今已是一个商业流行词。它是一种涉及民族、种族、宗教和性别的多样性的思想，是指人口统计学中每个集合的代表都在员工群体中得以体现。做到包容非常重要，也值得努力去做。我非常自豪我在迪士尼世界®任职期间，我们营造了一个欢迎不同文化、宗教信仰、性别、种族、民族、身体状况和性取向的富有包容性的工作环境。但是，包容并不仅仅是聘任制度或者尊重不同文化背景的员工差异性的问题。它是一个如何让员工积极投入工作并让他们知道每个人都很重要的问题。表面上看，一个工作场所可以看起来如联合国般多样化，但是假如员工们没有得到真正的尊重、重视、参与以及有尊严的对待，你所拥有的也只是一个不错的出镜机会，并非真正的包容。

包容之所以如此重要是因为：只有当人人都很重要并知道自己很重要时，员工们才会愉快地去工作，才会热切地把自己身上的活力、创造力和忠心奉献出来。这样带来的结果可想而知：生产力增强了，客户满意度提高了，员工缺勤率和流动率都更低了。如果员工感受不到包容，他们就会变得淡漠，也不会全身心投入工作。简而言之，你想要的，员工们也都想要。你不是也希望被别人接纳、倾听、尊重和包容吗？你也希望别人征询并认真考虑你的意见，你也想要受到别人重视的感觉，你也希望被他人当作一个独立的个体对待。没错，大家都是这样。这就是为什么卓越的领导者要确保公司里的每一位员工——无论什么样的级别和职位，都要有被包容而不是被排斥的感觉。

在迪士尼公司，我们把实现包容的方法简称为 RAVE，每个字母分别表示：尊重（Respect）、感激（Appreciate）和重视（Value）每一个人（Everyone）。如果你尊重、感激和重视你的员工，包容就实现了。这样的话，员工就会争相为你工作，现有的员工也不会想着离开。这正是当我们实施卓越领导力策略时，华特·迪士尼世界 ® 发生过的真实情况；员工们还会说服他们的家人和朋友们到奥兰多游玩和求职。这也是迪士尼公司在服务行业的所有大公司中有着最低的员工流动率的原因之一。

让我感到很自豪的是在迪士尼公司任职期间，我赢得了"包容大度的领导者"这样一个声誉。由我提拔的食品饮料方面的高级副总裁，迪特尔·汉尼格（Dieter Harmig）曾在一本杂志上说过："无论员工背景如何，不管是来自多米尼加的洗碗工，还是来自海地的女服务员，李都能够与他们很好地交流，他具备去接触并影响他们的能力，这是一种天赋。"我提及这段话并非想要自吹自擂，而是因为迪特尔说错了。他所谈及的我的这种能力并非一种天赋，而是我后天学到的。正如我前面所讲过的，与人们进行良好的沟通并不总是我擅长的技能。在吸取了痛苦的教训之后，我才懂得怎样带着尊重和敬意去对待每一位员工。我一直在为之努力并最终掌握了这方面的技能。然后，我把它教给了其他领导者。

你也可以通过以下策略在你的企业中营造一种包容文化。它们将引导你营造出一种员工被接纳、被鼓励并为实现企业目标全身心投入的环境，就像我们在迪士尼做的那样。

**1. 保证人人都很重要并且让他们自己清楚这一点。**商务领袖跟养育儿女的父母很像：你的工作不仅要使员工们身心愉悦，还要营造出一种环境，让员工们能够在工作中不断超越自我。正如出色的父母亲会关注所有家庭成员一样，卓越的领导者会照顾到企业中的每一位员工，时时刻刻都鼓舞着员工的自尊心和自信心。如果员工们都感受到了你对他们的认同、欣赏和倾听，那么人人都会想要抓住每一次学习和成长的机会。

我在迪士尼工作期间，一直提倡这样一个基本观点：每一位员工对公司而言都至关重要。我这样做并不是把它作为一种激励手段或是为了积累人气。这只是一种直截了当的、能够立即获得回报的商业实践。当员工们意识到他们带给团队的才能和技能被重视时，他们的工作积极性就会飞快地提高。进一步地，员工们对所做的工作和所在的团队就会产生强烈的个人归属感和责任感。结果呢，你将能够招募并保留最好的、最乐于奉献的员工，还能保持很低的员工流动率、更少地遇到员工违纪和旷工问题。这难道不是常识吗？是的。这种做法是否普及了呢？答案是否定的。

人人都很重要的原则还有一个显著的优点。确实啊！如果没有一项工作是重要的，那你为什么还要煞费苦心地雇人去做这些工作呢？你可以尽情地想象，在华特·迪士尼世界®，炸薯条的好坏对于客户满意度来说是一个很重要的因素。测算马铃薯订购数量的人、提交订单给供应商的人、卸下装马铃薯的纸板箱的人、炸薯条的人或者是为客人端上炸薯条的服务员，这些人当中你认为谁更重要呢？我给员工们的答案一直是：他们同等重要。他们当中无论是谁没有完成好工作，客户都无法获得愉快的体验，进而公司就会蒙受损失。这个教训是我在早期的职业生涯中学到的。那时，我还是内华达州太浩湖哈维酒店和赌场的一名废油清理工，干的活就是在厨房推着一辆小车，清理煎锅里的废油，遭受着别人的白眼。但我觉得，要是没有我，热油从烤肉架的托盘里溢出来，烤肉架将罢工。没有废油清理工，就没有汉堡包；没有汉堡包，就没有客户；没有客户，酒店就会倒闭。

我的观点在于：那些清洗浴室、打扫地板、清运垃圾的员工的重要性等同于行政主管、经理、部门主管和监事，甚至可能更重要。检票员、停车场服务员和话务员也是一样的。试想，如果浴室和地板非常脏，或者员工给客户留下了粗鲁冷漠的第一印象，那么迪士尼世界®将有多少客户会选择去他处度假啊！所以，每一位员工都很重要，这条定律不但适用于迪士尼主题乐园和迪士尼度假区，而且适用于所有地方的所有组织，当然也包括你的。

2. **了解自己的团队。**如果你有孩子（教子教女或是侄子侄女、外甥外甥女），你就会懂得：如何对待每一个孩子，让他们感到自己很特殊，很受重视是非常重要的。可能你还知道，让一个孩子感受到重视的办法，不一定适合其他孩子。作为家长，你能够随着时间的推移，找到每个孩子与众不同的地方，也懂得去欣赏孩子的独特之处，所以你会发现，你能很容易地把每个孩子作为独立个体来看待。那么，为什么不采用同样的方式对待你的员工和团队成员呢？

员工们有着各式各样的动机、偏好和梦想，来自不同的学校和社区。要让他们都感到自己的独特重要性，你必须要提前了解他们。那么，你应该怎么做呢？首先，你要了解他们的工作经历、他们的职业志向、他们的工作技能和才干、他们的短期和长期目标，此外，你还要充分了解他们的个人兴趣和他们的家庭情况。当你能记得员工们生活中的微小细节时，他们肯定会深受鼓舞、精神振奋。现在，再进一步：运用这些已经获得的信息，找到最大限度发挥他们能力的工作方法，并帮助他们实现各自的豪情壮志和伟大目标。

在华特·迪士尼世界®工作期间，需要与经理们见面并听取他们的工作汇报时，我通常都会到他们各自的办公室去。大家可能会觉得，我是老板，那么汇报工作时经理到我的办公室来是理所当然的。但是，通过这样相反的方式，我有机会充分了解他们每个人，同时也可以跟其他同事熟络一下。从他们办公桌上的照片、墙上挂着的艺术品以及他们待人处事的方式，你可以发现员工身上的很多特点。

将每一位员工作为独立的个体进行深入了解并不是一件简单的事情，非一朝一夕之功。不过请相信，坚持不懈，必有回报。（第八章中，我们还会深入讨论这个重要议题。）

**3. 让你的团队了解你。**请记住，你创造的包容性的工作环境也会包容你。太多的领导者与员工在身体上和情感上都故意保持着距离。他们坚信，除非塑造出一副刚毅干练的形象，否则便无法很好地管理自己的团队。所以，他们隐藏起自己人性的一面，尤其是自身的缺点和弱点。我向你保证，如果你让员工了解你真实的一面，你一定会获得更多的尊重。

这并不意味着，你要广为宣传自己心底的秘密。事实上，只要让你周围的员工知道你会因什么而感动、因什么而兴奋不已、什么让你最在乎、什么令你内心挣扎就行了。其中，你尤其要注意的是直面自己的过错并承认自己不懂的地方。对领导者来说，这些事情最难做到，他们大都会担心这种做法将削弱他们的威信，让员工丧失对他们能力的信心。但是我发现，事实正好相反，你表现得越真实，员工和同事们就越尊重你，对你的判断力就越信任。相信我，他们打心眼里已经认定"你是个普通人"这样的设定，你也会犯错，因此你再怎么故作姿态，他们也不可能相信你是个完人。如果大家能够感受到你的坦率和真诚，他们会向你致以更多的敬意。

在公司里，无论是对待上级也好，对待下级也罢，你要确保用同等的方式和敬意对待每一个与你打交道的人。否则，大家会认为你是一个虚伪的人，那么你的信誉也就不复存在了。我相信你肯定见过两面三刀的领导，在老板面前和直接下属面前表现得判若两人。一旦你在自己身上看到这种差别，不就意味着警告出现了吗？如果你在不同的人面前发现自己表现得不一样，请马上停下。这是我付出惨痛代价后学习到的一条宝贵经验。

在职业生涯早期，我发现，当自己同时面对老板和直接下属时，我竟然有些不知所措。但是，当我全天 24 小时都把自己或好或坏的一面展现给大家时，做一名领导者则容易得多了。如果你学会并满怀信心、坚持不懈地这样去做，那么，无论是当面还是私下里，员工们都会称赞你；无论是作为上级还是下级，你的作用力都会显著增强。大多数情形下，人们总是太拿自己当回事。但是你真正应该当回事的是你身上的责任，而不是你自己。

**4.真诚地问候员工。**这听上去就像母亲送孩子去上学时的叮咛，因此不少坚定刚硬的领导对这条建议嗤之以鼻。有些领导者全神贯注于他们的工作，塑造出了一种高高在上的威严形象。他们往往会径直地从大家旁边走过而没有一句问候，更有甚者，只和部分人员打招呼，而且是一成不变的那些人。我敢保证，假如你旁若无人似的从人们身边走过，大家都会注意到这些，而你因此传递出来的信息就是你根本不重视他们。千万不要小瞧一些简单举止（例如：问个好或者停下来闲聊几句）背后所蕴含的力量。但是当你做这些动作的时候，要确保你的诚意。假如你只是流于形式，就好比政客拉选票那样，大家就会认清你的本质。俗话说得好，"人们不一定会记得你说过的话，但一定会记得你带给他们的感受"。

我经常在迪士尼乐园附近散步，我会尽可能多地停下脚步向遇到的员工们问好。每当我问及他们家属的身体状况，或者提及他们的出生地，抑或是说起他们最近上了大学的孩子，他们脸上愉悦的表情让我终生难忘。我至今记得，当一位员工告诉我她的经理10年来竟然不知道她的小孩是男还是女的时候，她脸上透露出的那种伤心的表情。假如这位女员工的领导能够切实关心她的家庭，她的工作表现将会有天壤之别。

**5. 了解每一位团队成员的内心**。人性最基本的需求之一是被倾听以及被尊重。倾听员工们的心声，不仅对士气的鼓舞和自信的建立至关重要，也是你作为领导者非常重要的信息来源。卓越的领导者懂得，自己并非无所不知、无所不通。但他们无时无刻不在学习，他们有足够的信心去倾听来自公司各个层次的员工的心声。因此他们才能做出更好的选择，犯更少的错误。另外，他们还鼓舞员工全身心地投入工作同时更多地支持他们的决策。通过了解每一位团队成员的内心，你可以获得多种不同的观点。你要让大家清楚地知道，无论员工头衔和职位如何，你都希望他们能够袒露自己的心声，希望他们每一个人都能够直抒胸臆。即便员工不愿主动说出他们内心的想法，你也要去试着主动征求他们的意见。

永远不要低估一线员工的聪明智慧和足智多谋。毕竟，日复一日地坚持在一线的他们，能够看到你看不到的东西，能够掌握你无法掌握的信息。直言不讳地问员工问题吧，比如"解决这个问题还有更好的办法吗？""我做这个决策之前，还需要考虑其他问题吗？"等等。即便是员工提出与你相左的建议，或者你不认同甚至于并不想听从他们的意见，也要告诉他们你很看重他们的意见和建议。请记住，他们有可能惧于你的职位而不敢表达自己的想法，因此，先让他们放松下来，并对他们的坦诚相待表示感谢。我好多次都听到领导者在出现危机后说："为什么没有人告诉我？"极有可能就是员工害怕把情况告诉你。而只有在他们完全信任你的情况下，你才能获知实情。

这些年来，我看到过不计其数的有关各级员工积极投身工作，进而使公司生产力、创新水平和解决问题能力不断提高的事例，部分例子将会在本书中进行说明。比如有一次，为尝试降低客房设施成本，迪士尼世界®度假区一家酒店的管理人员决定将每个房间配备的免费缝纫设备撤掉。他们认为，这些工具没有真正的使用需求，就算它们被撤掉了，客人也根本不会注意到。然而，客户实际上确实注意到了这个情况，由此引发的愤怒可想而知。你可知道，对于这些放在用维多利亚时代影像装饰的漂亮锡盒中的缝纫工具，客户更愿意带回家去做纪念，而非用来缝纫。问题在于，客房服务员是知道客人真正想要什么的，但是管理人员却没有想着去咨询服务人员的意见。后来，客房服务员向我们道清了原委之后，缝纫工具很快又被放回到了房间中。假如我们事先征询过这些行家里手的意见，这样的错误就完全可以避免。

等你下一次去迪士尼世界®时，留意一下工作人员提供的服务以及对待你和家人的方式。很有可能你会注意到一些特别的东西，一些你在其他酒店、餐厅和主题乐园不太可能看到的东西。而最初的想法可能就来自公司底层的员工和团队。例如，在迪士尼乐园里，每天早晨你能看到乐园大门会由不同的被选中的家庭来打开；深夜里，你会看到大巴司机在接送精疲力竭的客户回酒店的途中，用歌声来营造舒适的氛围；你会看到男女安全员们把孩子们挑出来担任小助手，并让大家举起右手进行一个宣誓仪式，宣誓让游客能在乐园中欢度时光。种种创意，全都来自员工们。

你可能会特地就餐于旷野小屋的柔声峡谷咖啡厅。注意了，这可是一个喧闹的地方。服务员声音很大，他们大声地说着有趣的事情，时不时还会跟客户开个玩笑；当你最不经意的时候，他们当中会有人把所有孩子都召集起来，带着他们，模拟骑在马上围着餐厅奔跑的场景；作为餐厅中例行性并深受孩子们喜爱的节目，歌声可能随时响起。这些点子来源于何处呢？我可以肯定的是，绝不是来自公司上层，而是来自旅店开业初期的员工们。那个时候，这些创意显得很奇怪，但是公司领导很聪明地听取了这些新奇的点子。柔声峡谷咖啡厅从那以后，便成了迪士尼世界®最受欢迎的餐厅之一，而旷野小屋也随之被认定为全国最佳家庭式旅店。

　　**6. 让员工能找得到你。**当员工们需要你时，你应该尽自己所能去支持他们。正如称职的家长，出色的领导者总是能够让员工找得到他。在迪士尼工作的时候，我让每一个员工都知道，无论是谁无论何事，只要你想，随时可以来找我；通过安排好时间，我会去见所有想与我见面的员工，无论他们的职位怎样，我都忠实地践行着自己的承诺。有的行政主管害怕这样的许诺会占据他们过多的时间，恰恰相反，我发现这样可以节约很多时间。原因在于这样的做法有助于营造一个令人更加愉悦、生产更加高效的工作环境，而且能够避免出现很多浪费大量时间的问题。实际上，并没有预想中那么多的员工与我见面，员工只要知道来找我是可行的。当员工真的找到我时，这种意义更深远。

　　由于员工们都知道我会倾听他们的意见，而且坚守自己的承诺，身处一线的员工们和经理们经常会直接告诉我他们的顾虑和不满。例如，有的员工认为自己没有机会参与管理；有的员工找到我，是因为与经理之间发生了矛盾，希望我能给他们一些建议。在员工们的这些情绪演变为怨恨和敌意之前，帮助员工消除这些顾虑，能创造更为和谐的工作环境，同时为公司保留住很多想离开的骨干成员。另外，我这种广开言路的方式，有时会发掘出一些至关重要的信息。有一次，一位员工胸有成竹地告诉我，有同事倒卖公司的食品。她对我说："我知道你会负责这件事的。"的确，我迅速而又低调地处理了这件事。

某些情况下，员工们会告诉我一些与工作无关的个人烦心事。记得有一次，我们度假区的一家点心店的员工过来跟我说她母亲跌倒了，需要一件代步装备，可是由于家里安装坡道和修复飓风所造成的破坏花光了所有的积蓄，她已经负担不起这种装备了。因为我之前说过任何人都可以在需要帮助的时候找我，所以她跑来向我寻求帮助了。我联系了公益基金，几天后，那名员工家的走廊里出现了一辆轮椅。帮助她拥有那辆轮椅只用了我不到半个小时的时间，而员工用忠诚和积极主动做出的回报价值却是不可估量的。

很多领导者认为倾听底层员工的问题是对时间的极大浪费，我却不这样想。我在这么多年的职业生涯中逐渐了解到，如果你能够注意到各种细枝末节的问题，那么大问题也不太可能会发生。因为员工随时可以找到我，所以，一些棘手的问题在其升级之前能够快速地被我解决，公司因而避免了很多持续性的抱怨和法律纠葛。同时，由于在让员工随时能找到我这个方面，我一直在努力做得更好，来自迪士尼的其他领导者们也都以我为例，在公司各级运营机构中，这种行为方式已经不足为奇了。

要让你的团队明白，你会在他们需要你的时候出现，这意味着全天 24 小时你都可以被联系上。所以，要把合适的联系方式告诉员工，让他们知道打这个电话确实可行。诚然，在家里接听工作电话是一件痛苦的事情，要是在大半夜被电话叫醒感觉会更糟糕，但这是你的职责所在，况且也不会给你带来多么大的麻烦。根据我的经验，员工们也不会随便使用这种特权，因此，这样的电话，如果真的接到了就很有可能是出大事了。除此之外，当你表明态度，向员工们传递一个强烈的信号——大家随时可以来找你的时候，你的员工们可能反而不会通过你的家庭电话联系你。取而代之的是，因为知道可以随时找到你，他们更愿意登门造访或者给你发电子邮件告知你所需要的信息。

当发生了牵涉到员工的事情时，要尽早去探望他们。我把这个重要建议纳入时间管理专题研讨会的原因在于：你的日程安排中请务必留下一些空当，以备不时之需，因为突发事件往往比预期中的事件更为紧要。

**7. 从倾听到理解。**除非你真诚地倾听，否则，让员工随时可以找到你就只是一句空话。正如史蒂芬·柯维（Stephen Covey）在其《高效能人士的 7 个习惯》（*The 7 Habits of Highly Effective People*）一书中所说的："先理解，然后才能被理解。" 太多的领导者无法把注意力聚焦到谈话对象的身上，因为他们的心思在别的事情上面，或者还在考虑下一步的说辞。他们的肢体语言在大喊："闭嘴！"然而，优秀的领导者会耐着性子，让员工有充足的时间来表达他们的想法。

没错，这需要耐心；没错，因为紧张，员工们往往絮絮叨叨好半天才能言归正传还难以抓住重点；没错，他们经常会告诉你那些你已经知道的东西。但是，重要的是你要耐得下性子，因为不知什么时候就可能灵光一现。往往至关重要的东西或者你想了解的重要问题就会出现在你没有听到的话语里面。即便没有得到什么有价值的东西，倾听员工的心声也能表明你是很在意他们内心的声音的。

给予说话者充分的注意力的另一个原因是：大多数情况下，人们都是言不由衷的。从他们的肢体语言和隐含的话语里面，我们可以获取到很多信息。但是为了从只言片语中理解蕴含的信息，你需要集中精力，避免受到电话、文件和短信的打断和干扰。在听的过程中，你可以做些笔记供日后参考，即便是最出色的领导也不是总能记住所有的事情。当员工说完话后，一个比较好的做法是重复他所说的话，以保证你确实已经理解了对方想要表达的意思。你可以说诸如"我想你是在说……""我明白了你刚才的意思，你是想让我做……""你觉得我还有其他什么事需要了解吗？"此类的话。向他们表明，你正在尽力去领会他们真正的意图，这样可以使他们放松下来，并促使他们坦率且诚恳地说出内心的想法。这样做的话，你更有可能了解到全部的事实。

说到让员工放松下来，有个对我来说很管用的小窍门。当员工们到我办公室来找我时，我总是到门外亲自相迎，而不是让助手带他们进来。我不会在办公桌后坐宽大舒适的靠椅，而会在他们旁边坐在跟他们一样的椅子上。上事实上，只有当我一个人的时候我才会坐在办公桌后面。见面结束时，我总是陪着他们一起走出办公室，并感谢他们的到访。换言之，除了花时间会见他们，我还尽力让他们感到，我确实在背后支持着他们。

顺便说一句，我总是为来访者敞开大门，直到他们一路走过，正如我的母亲在我孩提时代教导我的那样。我一直谨记，开门迎客，是基本的礼仪。作为一名领导者，不仅是口头说说，还要身体力行，通过我的权威为人们敞开大门，这样他们就能发挥最大的潜力。

**8. 清楚、直白和真诚地沟通。**良好的沟通一定是清楚明晰的。用日常语言准确地表达你想要表达的意思。如果不这样的话，大家离开你的办公室时会比来之前要更加困惑，同时你将为缺乏效率和失信于人付出代价。拐弯抹角会增加混乱。如果编造假话，大家会看穿你的，对你的信任也会大打折扣，甚至不复存在。如果你一直能够清楚、直白和真诚地进行沟通，大家就会明白你想让他们知道什么和做什么。这样，你才会获得值得信赖的名声。员工可能不会一直赞同你说的话，但至少他们会相信你所表达的意思。对于想成为杰出领导者的人来说，这比什么都重要。

努力争取与人们进行一对一的沟通。就尊重大家而言，没有什么比面对面交谈更好的方式了，一对一的电话交谈也只能算是备选方案。如果这实施起来很困难，那就试着召集大家进行座谈会。如果你不得不采用电子邮件或手写便笺的方式，那就用个性化的形式，让这些信息变得有趣。诚然，这些事情都要花费时间和精力，毕竟没有人说过实现良好的沟通会很容易，但是如果这样做到了，获得的回报将是巨大的。

**9. 关注那些被冷落的员工。**对那些因为各种各样的原因被冷落的员工，要给予更多的关注，就像在自助餐厅里一个人吃午饭的新员工。如果有人在社交中被排除在外，通常并不会影响他们的技能发挥，但是这种孤立对他们的工作表现会产生影响。或许是一个天生内向，不怎么愿意开口讲话的人；或许这个人因为容貌和声音的与众不同，在人群中会感到不安全；或许这人是在陌生的文化背景下成长起来的，同事们对于如何与他相处感到不知所措。让人在工作场所感觉被冷落的原因有成千上万条，但是无论背后的原因是怎样的，一旦你注意到这种情况，请采取相应的措施。确保你的工作团队明白，无论有着怎样的种族、宗教、性别、性取向和身体外貌情况，让团队里的每一位成员都感觉到被容纳这一点是非常重要的，同时你自己一定要以上率下。

别弄错了，并不是所有感觉被忽略的人都确实受到了大家的排挤。在我首份工作中，便有这样的教训。那时，我就是一个来自俄克拉何马州、刚刚从部队退役并在首都高档酒店工作的乡下小子。其他的服务员都是在欧洲最好的条件下受过培训的专业服务员。而我不仅没有在任何地方被正儿八经地培训过，而且连大学都没有念完。我感觉完全被孤立了，因而萌生了坐上最早的一班公共汽车直接回到俄克拉何马州的想法。那对我的自尊心和自信心打击非常大，进而对我的工作能力产生了严重影响。

所幸，我的主管库尔特（Kurt）让我对这里渐渐有了归属感。不单单这样，他还极力地保护着我。刚开始的时候，我对于为什么餐桌上要摆上不止一把叉子等规定一窍不通，我还认为固体酒精（加热火锅的燃料）是开胃菜。而到了后面，我迫不及待地想要学习新事物，是他帮我实现了从一个胆怯的小孩子到自信的年轻人的转变。

库尔特非常严格，他坚持让我把所有的事情做到极致。虽然我经常性地犯错误，但他从不让我感觉自己很傻，他也从不让我在别人面前出丑。他只是淡然地告诉我做事情的正确方式。对于库尔特这样一个榜样，我永记铭心。

**10. 忘掉管理链吧。**在商业领域，纵向管理链式的管理时代已经结束了，领导者要是继续用这种方式进行管理，那注定要走向失败，这是因为这种严密的、自上而下的管理架构，将会在很大程度上降低通信速度，并提供不可靠的信息。对于那些受情感支配的问题尤为如此，因为在这样一条管理链中，情感是永远无法有效解读和传递的。当然，这并不意味着出现问题的时候，大家不应该第一时间向直接主管汇报，而是说，好的领导人无论企业中的员工是否直接向他汇报，他都愿意倾听他们的心声。

我认为，领导者应该让汇报情况的人明确知道他们到底想了解什么并想以什么样的方式了解信息。但是，这个过程绝对不能有威胁性的暗示，诸如"你为什么在向他汇报之后再向我汇报"这样的话是绝对不允许的。在迪士尼乐园的这些年，阿尔·韦斯和我都学会了用弹性管理链去进行工作。无论什么时候需要，我的直属员工都会跟阿尔或他们觉得合适的其他领导直接沟通，同时他们会通过语音邮件的方式给我留言，汇总讨论交流情况，或告诉我相关的最新进展。我把我们的成功归结于这种领导风格范儿，因为这种方式传递出这样一个信息："我们相信你会做正确的事情，也相信你会做出正确的选择。"

不用说，这种管理上的灵活性需要高度的信任。而一旦信任建立起来且消除了恐惧，你就会发现，信息在需要的时候将更有可能流向需要的地方。

**11. 不要管得太细。** 如果你想快速地失去那些重要的员工，那你就时刻监管着他们的工作、替他们做各种决定吧。换言之，学会放手，这样你才能成为一名优秀的领导者。聘用优秀的员工，对于他们的职责、权利和义务一定要明确清楚，然后让他们放开地去做自己的事情。你也许比他们挣更多的钱，你也许有比他们更厉害的头衔，但是所有这些并不代表你就比他们更高明。每当我需要使别人想起这一点时，我都会告诉他们一粒纽扣的故事。这粒纽扣是我在领导和管理行家——肯·布兰佳（Ken Blanchard）的衬衫上看到过的，上面写道："我们谁也不会比其他人更高明。"

是的，在很多危急时刻，领导者需要站出来下达指令。但是，如果每次遇到困难，你都觉得必须亲自出马并做出决策，那这就是过于傲慢的表现了。其实，正确的做法正好相反。在第四章中，你将会看到 2001 年 9 月 11 日以及在那之后，迪士尼乐园所经历的一切。在那场令人害怕的危机中，每个人都顺利地渡过了难关，因为我们能够根据需要，切实发挥领导作用。

**12. 设计企业的文化。** 迪士尼学院®将"一个组织拥有的、能够驱动行动和行为并影响个人关系的价值和信念体系"定义为企业文化。不管你是否承认，你的团队里面也有这样一种文化。问题并不在于你是否拥有企业文化，而在于你拥有什么类型的企业文化，它对你有利还是有弊呢？成功的企业文化不是偶然间形成的，而是需要进行设计的，这种文化应该清晰、分明、目的明确。其中的一个目的应该是创建和营造出一种包容的工作环境。对于领导者而言，没有什么比在公司运营的各个层面上言行一致地促进包容更重要的了。

设计一种充满包容的文化没有任何坏处；对于企业的每个部分而言，甚至对于我们的国家以及全世界而言，这只有百分之百的好处。企业文化的影响根植于规模不一和类型各样的组织中，无论是迪士尼公司这样的行业巨头还是家庭经营的小店，我都见识过。比如，一家位于南加利福尼亚州名叫愿望岛的小型非营利机构，其主要工作是与愿望实现组织合作，并为得了重病的孩子和他们的家人提供援助和难忘的时光。愿望岛的创始人兼 CEO 劳丽·科塔斯（Laurie Kotas）说：“在参加了迪士尼学院®的一个研讨会后，我意识到，随着团队的发展壮大，第一要务是界定和打造企业文化，有了这样的文化，所有人都能感到他们是公司创下奇迹和取得成功的重要部分。”她提出了建设一个充满包容、以使命为动力的组织的完美设想。当她与同事交流时，立马获得了三名工作团队成员、董事会和志愿者团队的支持。结果，大家的工作热情、献身精神和创新意识得到普遍提升，志愿者数量和捐赠数额也大幅增加。

举一个关于国际汽车产业巨头沃尔沃的例子。作为沃尔沃公司英国运营部（沃尔沃汽车英国有限公司）网络和贸易发展总监，凯文·密克斯（Kevin Meeks）说：“在与迪士尼公司合作的日子里，一项重要的学习经验就是，向所有为客户提供优质服务的过程中发挥重要作用的公司员工表示深深的感谢。”正因为有了这样的领悟，沃尔沃公司针对性地调整了员工培训计划，由此形成了沃尔沃的 PRIDE 理念，即激情（Passion）、尊重（Respect）、正直（Integrity）、动力（Drive）和活力（Energy）。这样的培训计划使得沃尔沃公司在安全、质量和环保方面的文化传统和声誉更加显著，评价它"很好"和"优秀"的人数占到了受训人员的95%。"它激发了大家对品牌的热爱，展示了员工如何才能为企业的成功做出自己的贡献。"密克斯说，"正如我们所知，沃尔沃的PRIDE理念正在帮助强化我们的品牌价值和客户体验。"

不管你用什么方式去衡量成功，在你的公司里，设计一种包容性的文化确实能帮助取得相应的效果，但这并不意味着能够轻而易举地实现成功的目标。实际上，这是一段看不到头的旅程，同时这也是我先前说过的软实力与硬实力其实是一致的最好佐证。管理者们经常说，因为忙于诸如赚钱、提高生产力、降低成本、施行规范、保持劳动秩序以及企业运转所需的各种可衡量性工作等一系列"重要的"事情，因而他们没有时间去关注软实力这个方面。但事实却是，如果不在软实力方面下功夫，你指望用硬实力取得预期的回报是根本不可能的。这正是关注日常工作之前先关注员工的原因所在。

**13. 像对待客户一样对待员工。**本章的结论就是，你对待员工的方式和员工对待客户的方式这两者之间有着直接联系。员工在华特·迪士尼世界 ® 所受的培训就是要履行对客户的四点期望：

* 让我感到自己是特别的。

* 让我感到自己是个独立个体。

* 尊重我。

* 让我变得博学。

任何商业领域的客户除了要求要有高质量产品外基本都会提出这样的要求。迪士尼公司的领导们通过同样的方式来对待员工，进而训练员工满足客户期望的能力。你可以把它当作是迪士尼式的黄金法则：想要员工怎样对待客户，领导们就要怎样对待员工。这个准则效果很好，因为员工与客户都有"四点期望"，且两者之间是一致的。

* 让我感到自己是特别的。
* 让我感到自己是个独立个体。
* 尊重我。
* 让我变得博学。

你的员工也有同样的四点期望。如果你能够使他们得到满足，员工们的自尊心和自信心将会高涨，进而表现得更加专业且细致。你知道接下来会发生什么了吧：企业绩效的大幅提高。对此，我已经不能强调更多了。在研究华特·迪士尼世界 ® 客户满意度调查情况后，我看到了一个明显的倾向：如果客户与某位员工进行了值得纪念的互动交流，他们会在满意度调查中给出很好的评价，而且更有可能下次还会来度假。

顺便说一下，同样的逻辑对于那些没有直接与客户打交道的员工也是适用的。如果能很好地对待他们，那些"后台"人员也将会很好地对待供货商、直接下属、主管以及其他员工。这是人之常情：如果你希望大家表现得怎么样，那么你就用怎么样的方式来对待他们。

在华特·迪士尼公司，我和其他领导者尽了最大努力让所有员工都感受到信任与尊重，同时，员工们则会不遗余力地让来游玩的孩子们和家长们感到自己很重要、很受重视。如果没有这些努力，华特·迪士尼世界®也许就不是世界上最热门的旅游地点了。同样的原则将会帮助你和你的公司取得类似的成功。

## 行动步骤

* 不断询问自己，向大家说明你在"每个人都很重要并且知道自己很重要"这一方面做了哪些努力。

* 创造这样使得所有员工和客户都能感到自己很特别的环境。

* 把所有人都当作独立个体对待。

* 给予每个人彻底的、无条件的尊重。

* 花时间去熟悉你手下的员工们。

* 为每一位员工学习所需知识和必要技能提供信息和资源。

* 确确实实让所有团队成员都能见得着你。

* 无论员工职位高低，都要给他被倾听的机会。

* 当有人同你交谈时，集中注意力并真诚地倾听。

* 做真实的自己，不要展现出虚伪的形象。

# 第四章

## 策略二：打破常规，关键岗位用对员工

欧洲人钟爱美食，当我搬到法国去帮助创建巴黎迪士尼度假区的时候，我很快意识到，度假区酒店和娱乐中心的 20 个提供全面服务的高端餐馆将接受最敏锐的味觉检验，因此，我们的成功与否主要取决于餐品的质量。成功的关键在于聘请世界一流的厨师和餐厅经理。但是有一个问题：达到那种专业水平的厨师和餐厅经理一般不喜欢在酒店工作。当我试着聘用了几个，但都未能成功之后，我了解到，这些人都像艺术家，厨房和餐厅就是他们的工作室。他们像所有艺术家一样，无法忍受管理人员站在身后监督他们并对他们指手画脚，他们在不受打扰时才能发挥最佳创作水平。因此，他们一般更愿意在独立开设的饭店中工作，而不是在要受监督的大型酒店和度假区中工作。

我开始思考，像我们这样的大企业，如何为这些烹饪艺术家们提供他们创造世界一流的就餐体验所需的自由和权力。通常，酒店的厨师和餐厅经理向食品饮料部总监汇报工作，食品饮料部总监再向酒店总经理汇报工作。但是，那些富有创意的厨师不断告诉我，食品饮料部总监管得太多了。我对此再同意不过了，因为我本人就曾担任过食品饮料部总监，经常因为担心成本太高或偏离标准惯例而否决好的创意。然后我渐渐明白了：这可能是组织架构的问题。既然如此，如果我们打破常规，撤掉中间管理层会发生什么呢？可能的情况是：假如厨师和餐厅经理直接向总经理汇报工作，他们就有了自由发挥的自主权。没有官僚主义的干涉，他们可以在菜品和就餐环境方面做出创意性的决定，也有聘用他们想用的人的权力。当向上级咨询时，他们也能参与其中。这种管理架构的改变同样可以向公司每一个人传递出一种信息：厨师和餐厅经理既是决策者，也是工作团队中的重要成员，而不仅仅是被食品饮料部总监操纵的木偶。

这对于迪士尼公司而言是一次巨大的组织结构变革，对于整个度假区行业而言，更是打破常规的行为。结果证明，这是我做出的最好的决策之一。从那时起，我就可以告诉顶级的厨师和餐厅经理，他们在迪士尼公司工作跟在独立的饭店中工作一样，只需要回应业主的要求。结果，我们招到了我们需要的人才，这些人也获得了充分施展才华的工作环境。当度假区开放时，评论家们认为，我们的美食与巴黎任何一家豪华餐厅的美食一样出色。

这次经历让我清醒地认识到：领导力的一个关键组成部分是组织架构。无论你身处何种行业、何类企业，当涉及组织架构问题时，你必须敢于打破常规。你可以聘用到可能的最好的员工，鼓舞他们的干劲，支付他们应得的每一分薪酬，但是如果他们没有被提供合适的组织架构，也就无法发挥出最佳才能。反之，倘若你构建的组织架构能最大限度地挖掘员工的创造潜能，你将拥有很大的竞争优势。

领导者的工作是描绘出企业本该有的样子，而不仅仅是在既有的设计中做到最好。不幸的是，许多领导者认为组织架构的细节令人厌烦，另一些认为不值得付出大量艰苦努力去做组织架构的变革。但我可以保证，良好的组织架构不仅能够降本增效，还可以使决策过程变得更加流畅，提高员工的满意度，促进各个层面的创造性和创新性。

## 重构华特·迪士尼世界®

虽然改进迪士尼餐厅的汇报架构被事实证明是一项非常积极的组织架构变革，但还只是一个很小的变革。我被调到奥兰多的华特·迪士尼世界®度假区的两年后，为了大幅度改善主题乐园和度假区的运营情况，我和阿尔·韦斯（在我们的老板贾德森·格林的支持下）被要求对公司组织架构进行彻底地检查调整。主题乐园和度假区自从 1971 年奥兰多的设施开始运转以来一直以两个独立的组织形式运作，它们各自拥有自己的行政管理部门、财务部门和人力资源部门等。员工不是在主题乐园区工作就是在度假区工作，几乎无人会跨两个组织工作。主题乐园的经理们和度假区的经理们也极少接触，看起来更像是在两个不同的公司工作。你可以想象得到，这种机制下经常少不了重复劳动，两个组织的群体也极少共享好的创意。

我刚到奥兰多，就听说了下面这个故事：法律部现任副总裁托马斯·凯瑟德尔（Thomas Katheder），1990 年开始他在迪士尼的旅程，当时他来迪士尼公司担任律师。为期一周的新员工定向培训结束后，托马斯和其他新员工被带到隔壁的办公室中排成一队，来选择是去度假区还是主题乐园工作。有个女士为他们分发印有迪士尼图标的铜质小徽章，他们要在姓名牌上别上徽章，以此区分是主题乐园的员工还是度假区的员工。"当我到了队首时，"他回忆道，"桌子后面的那位女士问我：'去主题乐园还是度假区？'我解释说我是法律部的员工，我要为这两个分支机构提供支持。她加强语气地又问了一遍：'到底是主题乐园还是度假区？'我迅速地将两家机构的徽章各抓了一个，就急急忙忙跑掉了。开车回办公室的时候，我怀疑自己从近 1 600 公里外赶来为迪士尼公司工作的决定是否正确。"

对公司而言，幸运的是，托马斯还是留了下来并大放异彩。许多员工也跟托马斯一样，私下里都在怀疑将主题乐园和度假区分开管理是否明智——这并不是利用资源和员工智慧的最有效的做法。但是，管理者中没有人觉得有必要进行组织架构的调整，因为公司的财政收入状况很好且客户满意度高。贾德森、阿尔和我却有新的看法。我们的主要目的是通过改革赋予所有员工自主权，尽可能地发挥他们的聪明才智。我们发现，清晰地界定员工的责任、权力和义务，将显著提高成功的概率。因此，我们决定将主题乐园和度假区整合成一体，所有人都要向阿尔汇报工作。

改革初期，主题乐园和度假区的整合工作遇到了一些阻力，也带来了一些痛苦。这次改革改变了许多经理的职业道路，他们非常不爽。不可避免地，有些优秀员工走了——有些人不喜欢他们的新任务，有些人无法接受自己的同级变成了自己的上级，还有些人对未来产生了不安全感。不过，岗位数并没怎么减少，留下来的员工的薪酬也一分未少。这项改革对绝大多数员工而言都是巨大的福利。每个人都能在主题乐园和度假区之间自由调动工作，他们看到了新的、光明的职业前景——年轻员工在职业生涯早期就能积累广泛的工作经验，而那些在同一个部门工作了多年的员工也可以尝试新的工作了。中心化体系的创造就是为了让员工流动起来，并让他们有机会去想去的工作领域进行交叉培训。之前，主题乐园的人们连度假区的职位空缺情况都不知道，更不用说被邀请去申请那边的职位了。而现在，在圣诞节和其他度假旺季，主题乐园负责维护工作的员工可以去度假区尝试厨房工作，度假区的客房工作人员也可以在梦幻王国的快餐厅工作，一起陪伴兴奋不已的孩子们。

因为有进取心的员工现在可以在两个部门中选择工作机会，这次改革也让员工个人的职业有更大的发展潜力。米姆·弗林（Mim Flynn）和莉斯·克拉克（Liz Clark）就是很好的例子。在之前的体系下，莉斯作为梦幻王国经理，在主题乐园范围内她的晋升机会很少，但是现在，她晋升到了更高的职位，负责曾归属于度假区的迪士尼运动大世界的食品运营管理工作。她的工作非常出色，积累了宝贵的工作经验之后又以高级行政主管的身份回到了梦幻王国，代替米姆·弗林管理食品工作。而米姆·弗林，自从工作以后就一直在主题乐园区工作，现在被提升为高级行政主管，负责管理度假区的餐饮工作。她在主题乐园的工作经验在新的工作岗位上也很有价值。她俩至今仍是迪士尼公司最为得力的行政主管。倘若我们没有改革组织架构，让这两位女士的事业如此蒸蒸日上的职位调动也不可能发生。

你看，新的组织架构让管理者有更多利用员工才能的方式，他们可以把员工调到最需要的岗位上去提供帮助。举个例子，在酒店餐厅工作早餐时间非常忙碌，而在午餐时间则相对轻松，而主题乐园情况则正好相反。现在，早餐时间员工可以在酒店工作，午餐时间则可以去主题乐园帮忙。在新的组织架构体系下，公司也可以更加快速地适应生意中忙闲的波动。举个例子，当下雨的时候，我们能够迅速部署主题乐园的员工过来帮忙招待数千名从主题乐园拥入酒店的游客。而且我们还节省了大量重复劳动带来的不必要花费。现在，每个部门只编配一名行政主管和一名助手，也只需要一套培训程序，而不像之前需要配两名行政主管和两套不同的培训程序。

新的组织架构融入正轨自然费了一些时间，但很快，一切就自然得如同每年夏天学校放假后游客会激增一样。这次改革同样被事实证明是自 20 世纪 90 年代中期以来，公司的财富能稳步增长的一个关键因素。但我们并没有满足于已取得的成就。我们于 1997 年 5 月再次打破了常规。在那之前，所有的保障工作——采购、安保、交通、维护——一直与各个运营部门分开管理。运营工作归我负责，保障工作归我的一位同事负责。我们意识到，如果把两个部门统一起来管理，也就是我也直接负责保障部门工作的话，一切将进行得更加快捷、高效。

部门和部门领导越少，结果就越好。以往行政主管之间不得不就每个重大决策反复协商的情况不会再出现了。举几个例子，假如我要加强某个场所的安保力度，在以前，我就要说服负责保障工作的同事重新安排预算开支和人员分配。或者，大巴司机建议某些路线的发车间隔由每半个小时一发改为每15分钟一发，再或者，客房服务员请求多提供一些某种用品，在之前的架构体系下，我要先做通保障部门的工作，因为保障部门负责管理交通和采购，而我不能简单地批准这些员工的请求。一旦我们将运营部门和保障部门整合起来之后，我不再需要经过冗长的谈判和等待，只需一两个电话就可以做出必要的调整。

华特·迪士尼世界<sup>®</sup>的组织架构很快地也进行了彻底调整。相比之前，各部门之间的职能和责任不再模糊不清，公司的清晰组织架构使我们能够更快速地做出决策，更有效地控制成本，有着更流畅的工作程序，可以更高效地沟通交流以及更充分地利用资金。没有了以往官僚作风的办事拖沓和互相攀比的工作议程，客户满意度提高，员工工作态度更积极，而且公司成本也大幅下降。例如，由于采购系统整合后，每个部门都使用相同的原材料，这种大量采购得到的折扣就为公司节省了数百万美元。另外，我们都觉得自己属于一个为共同目标而奋斗，并有着强大凝聚力的团队。这样的结果是，当各种突发事件到来之时，每一个人都有了更好的定位，能够快速、清楚和准确地应对。

我想说的核心是：架构对于一个组织的重要性，就如同框架对于建筑物的重要性一样。如果你是一个领导，无论你在哪个行业，你所面临的挑战之一都是：要不断地评估你所在的组织的架构，并且不要害怕打破常规。请记住，出色的领导者永远不会觉得已经够好了。下面有一些实用策略可以指导你：

**1. 明确员工的责任范围。**你的组织中的所有人都应该清晰完整地了解他们的责任范围、权力大小以及什么情况下会被追责。每一位员工还应了解其他员工的责任范围、权力大小以及什么情况下会被追责。这些方面不明确的话，混乱和灾难性事故将不可避免。

当迪士尼的食品饮料运营部门的权限划分不清晰时，时常出现相互矛盾的决策。举个例子，由于没有编配负责集中定价的行政主管，在华特·迪士尼世界®不同地点销售的相似商品的价格差异巨大——这家餐厅，一份儿童餐的价格是 2.99 美元，而在另一家餐厅却要花费 5.99 美元。或者是，同样大小的可口可乐，在主题乐园的食品摊买，只需要 1.39 美元，而在度假区的小吃店买就需要 2.99 美元。此外，厨师们可以根据个人喜好去订购原料，因为没有人有权力决定最终的采购。我们有时竟然采购了多达 25 种的炸薯条和 130 种不同的意大利面食，结果导致供货商卖给我们的价格更高，因为他们不得不同时储藏这么多同类产品。这样的架构对于一家拥有 10 亿美元食品资产的企业而言真是太糟糕了。

我从芝加哥请了一个外部咨询专家格伦·沃尔夫森（Glen Wolfson）来帮我们解决这个问题。他和我以及一帮经理一起进行了连续 3 天的紧张研究。我们列出了 58 个需要定期做出的有代表性的决策，然后一个个讨论，直到我们最终确定了负责每一项决策的人和职位。例如，现在由一个对公司整体运营状况全面了解的小组集中负责所有服务项目和产品的定价决策，而采购部门拥有食品采购的最终决定权——在与厨师共同确定最好的产品后。

在没有影响到客户服务质量的前提下，之前的混乱情况很快得到了改善。因为每一位员工都明确地知道自己该做什么，公司的运营平稳顺畅得多了，员工的团结协作意识也提高了，并且关于权力的争论几乎都消失了。至于公司的经营业绩，光炸薯条种类的减少就节省了50万美元的成本，而且我们的总成本每年都在稳步下降。

领导者的一项主要工作是进行清晰的沟通，尤其是涉及责任范围和权限范围时。请时刻记住这条理念，你的团队将取得令你出乎意料的业绩。

**2. 请记住责任和权力总是相伴而行。**如果你交给员工某些责任，却没有赋予他们履行那些责任所必需的权力，你就已经让他们走向了失败。假如你对某人说"由你来完成这项任务"，但却没有告诉他"你有权做出为完成这项任务必须做的任何决策"，也没有对他说"你可以动用所需要的所有资源"，你就是在交给员工责任而没有赋予他相应的权力。这种做法不可持续——另外，顺便说一句，这种做法也是引起员工压力的一个主要原因。

因为我是迪士尼公司运营工作的总负责人，所以阿尔·韦斯也让我负责处理华特·迪士尼世界®客户满意度的相关工作。在这个前提下，我分别委派不同的员工负责不同的具体事务，并赋予他们相应的权力——迪特尔·汉尼格负责食品饮料部的大部分决策；杰夫·瓦赫尔（Jeff Vahle）负责维护工作的大部分决策；埃里恩·华莱士（Erin Wallace）和卡尔·霍兹（Karl Holz）负责度假区日常运营的大部分决策。不过，虽然他们可以全权做出决策，但我才是唯一一个要为最终结果负责的人。因此，我与他们每一个人都达成了明确的协议——关于我在什么情况下需要参与决策、什么情况下不需要参与决策，我建立了与他们沟通的例行程序。这些措施既保证了他们在日常工作中能充分利用我赋予他们的权限来履行责任，又能让我为最后的结果负最终责任。我们能够分担责任和分享权力的关键基础是良好的沟通与充分的信任。

这个观点的核心是：作为领导者，你总是要为最终结果负责。商场上，面对错误，很多时候，一个领导的反应都是"为什么我不知道这件事？"或者"我是让吉姆来负责这事的"。事实上，如果事情做错了，都是领导者的责任。所以，请确保每个人都准确知道你期待看到什么样的结果以及他们有什么权限、没有什么权限，并建立严格的信息沟通程序。当结束的时候，在关于谁有权采取何种行动以及那些行动的结果会怎样的问题上，不应该出现任何困惑不清。

**3. 使每个职位都有存在的价值。**领导者们必须确保每个职位都能体现出真正的价值，虽然这是个非常困难的挑战。用以下的问题问问自己：

* 这个职位能够为我们公司创造实际价值吗？
* 假如我们取消这个职位，会发生什么？
* 假如我们把这个职位的直接下属换成更能干的人，会发生什么？
* 假如这个职位由其他职位的人员兼任，会发生什么？

* 假如我们把这个职位的职责外包出去，会发生什么？

* 假如我们改革组织架构或工作机制以至于不再需要这个职位了，会发生什么？

* 假如我们将这个职位实行自动化，使之改成自助服务式的，就像银行自动取款机和旅游预订网站一样，会发生什么？

回答这些问题可能会迫使你做出痛苦的决定，但请正视这样的现实。没有哪个领导者愿意让为公司长期效力但现已不适合的员工离开，也没有哪个领导者愿意把员工调到职责较轻的职位上让员工感到不受重视。但是，领导者必须客观分析每个职位的价值，因为他们绝不能允许任何人"藏"在公司内部。千万不要让自己掉入某些陷阱之中，例如，赋予那些为公司长期效力但其职位已无存在必要的员工一个无实质责任的新头衔。你这样并不是在帮他们的忙。如果你确定某个职位已经没必要存在了，你必须在财务上做出相应安排，为那位员工离职后的福利考虑。

如果员工的工作岗位必须取消时，我的第一选择一般都是为其分配新工作，而且在迪士尼公司，我90%的时候都成功地为员工分配了新工作，不过也有根本不可能的时候。例如，有一次，我做了一个非常艰难的决策，决定取消我的某个直接下属的高级行政主管的职位，我真的不想失去他，因为他是一位非常出色的领导者。但是，如果他的直接下属能够直接向我汇报工作，工作效率将更高，这是一个正确的商业决策。并且，公司还可以将他六位数的薪酬和他助手的开支节省下来。于是，我亲自与这位行政主管面谈，直截了当地告诉他，由于我们正在重组食品饮料部和商品部的整个零售业务，他的职位将被取消。他的助手将重新安排工作，但是我们实在没有适合他专长和经验的职位。他听完后自然感到非常震惊又伤心。我竭尽所能地宽慰他，并确保事情能圆满收尾。我给了他几个月时间去找新工作，并让他以找工作为重，他可以尽可能多地休假以腾出必要的时间去更新简历、打电话和进行面试。我还主动为他提供参考，帮助他联系其他公司以及与我关系密切的行政主管猎头公司。最后，他找到了一个满意的咨询师的新工作，为一些公司董事会提供咨询服务，他和迪士尼公司皆大欢喜。

在一个稳步发展、内部有许多工作机会可以调动的大公司里，进行组织架构改革显然不会太艰难。我知道并不是每个领导者都有那样奢侈的条件。如果你确实处于一种需要辞退有价值员工的境地，我劝你一定要用人道的方式来面对这些困境。请与当事人干脆、直接、坦诚地沟通，明确解释该职位被取消的原因，给他尽可能多的时间去找工作——不论他是在公司内部还是在公司外部找新工作，并且要主动为当事人写推荐信。当你不得不辞退那些体面的员工时，请像你希望别人对待处于同样处境的你的方式来对待、尊重他们。这不仅是因为道义上理应如此，还可以向公司其他员工传递出正确的信息。根据我的经验，多付出一些努力来宽慰离职的员工，让他们的职业过渡期更容易一些，不仅仅离职的员工会感谢你，公司其他员工的信任感和忠诚度也会提高。

**4. 尽可能地扁平化组织架构。**尽可能地减少企业内部的管理层级数是很好的，这样，你就可以与尽可能多的员工直接打交道。每级管理层过滤掉的信息，都会放大信息的错误和失真，很有可能导致一个小问题像滚雪球似的演变成更加严重的问题。如果你玩过孩子们的打电话游戏，你就明白我的意思了。通常大家会围成一圈，由一个孩子低声告诉另一个孩子一句话，依次传递下去，到一圈孩子传完为止，最后一个孩子听到的信息与最初信息的差异之大往往令人震惊。

让尽可能多的员工直接向你汇报不仅可以清理沟通的渠道，还有其他好处。一个是能促使你真正地学会放权，另一个是鼓励你聘用绝对出色的直接下属。我将在下一章讨论雇用员工的问题，本章的关键点在于：你的直接下属越优秀，你就能拥有越多的直接下属。为什么呢？因为优秀的下属几乎不需要你的监督。而对于平庸的员工，你更像是一个拐棍，而不是一个领导者，你需要不断地帮助他们、指导他们，还要收拾他们的烂摊子，因此他们会占用你更多的时间。在华特·迪士尼世界®，我有直接下属多达 14 人的时候，也有直接下属少至 6 人的时候。不变的是，我的直接下属越多，公司运营情况就越好。因为我聘用的行政主管都非常优秀，一旦我们确定了预期结果，我就可以放手让他们自由发挥他们的聪明才干。另外，组织架构扁平化还有一个好处是：你需要发放的总薪酬更少（经理和行政主管越少，需要的助理、秘书和其他助手也越少），也就意味着你可以用更高的薪酬去聘请一流的人才。

总之，组织架构的扁平化能够通过简化决策过程、加速后续实施过程、优化沟通过程来提高生产效率。管理层级的简化，意味着更少的错误、误解和其他损失。

　　请记住，组织架构扁平化并不仅仅适用于企业高层，也不一定就意味着必须取消某些工作岗位。有时，对企业低层的微调也能取得重大成效。比如，几年前，迪士尼世界®纺织品服务中心的运输部门总是在处理本公司员工打来的服务电话时出错。有时，可能是度假区经理匆忙地打来电话要更多的毛巾，因为游泳池里挤满了游泳的孩子。有时，可能是餐厅经理打来电话，因为他们预订的桌布一直没有送到，而参加宴会的大批客户马上就要到了。纺织品服务中心经理接到电话后就会通知运输部抓紧时间送货，但是由于这些经理都很忙，有些订单可能会被遗漏。幸运的是，一位经理对员工非常有信心，他想出了直接省略中间环节的办法——因为运输部的工作人员可以当场解决问题，为什么不培训其中一些人直接接听服务电话呢？被挑选出的接线员，按照协调员的标准给工资——每小时工资多加 50 美分，因为他们的工作任务增加了。这样的调整对于迪士尼公司来说并不算是很大的开支，但回报却是非常不错的。纺织品服务中心的经理从不得不整天处理紧急事务的忙碌中抽身出来，运输部员工的自豪感和主人翁意识也增强了，而且，服务电话处理的速度和效率也大大提高了。

　　**5. 消除过度工作。**不必说，任何规则都存在例外。如果你的员工觉得工作过度了，有时增加一级管理层就很有必要。问问自己："你公司的员工经常抱怨工作过于劳累吗？他们含糊其词地表达过没有足够时间完成派给他们的任务吗？"大多数公司都有这样的情

况，华特·迪士尼世界<sup>®</sup>也不例外。我们鼓励经理们在每天花 80%
的时间到工作一线与客户和员工在一起的同时，还要亲自参与培养
其直接下属的领导能力。但是，一天当中不可能有足够的时间让经
理们去做所有的这些工作。为了让经理们有时间培训发展他们的团
队，并直接与客户打交道，我们削减了其他开支，将节省下来的开
支用于设立我们称为"协调员"的新行政管理岗位，让协调员接管
经理们的一些日常工作。

假如你听到员工对于过度工作的抱怨，公司的组织架构可能是
罪魁祸首。请问问你自己以下这些适用于各种类型的组织的问题：

* 企业的整体组织架构是否妨碍了生产效率的提高？

* 各个部门和工作团队是否处于无序状态？他们可以有更好的
组织形式吗？

* 员工们是否有花时间在不如以前那样有价值的工作上？

* 是否能够简化或取消某些工作？

* 如果赋予员工更多的权限，他们的工作能否更高效？

* 员工们需要时间管理方面的培训吗？

重新设计企业的组织架构可以减轻员工的工作量，并使他们的
时间更有效。对每一位员工的任务进行简要评估，并取消一些价值
较低的任务，已经是往组织架构调整的路上迈出了一大步。而且，
你可以将取消多余职位节省下来的资金用于设立更有价值的管理协
助岗位，或者用于将某些职能自动化。最后，不要忘记赋予那些值

得信任的一线经理更多的权限，这些权限能使他们从为得到上级批准而进行的没完没了的汇报和开会讨论中解脱出来，并迅速做出决策。

**6. 重新思考会议架构**。企业组织架构存在缺陷的一个典型症状是：会议占用了过多的时间。如果你的员工抱怨会议没有价值或者时间过长，那你就需要重新考虑会议内容、会议频次以及与会人员的合适度。

第一步，请明确会议的目标，然后再评估当前的会议架构是否有助于目标的达成。相比每周开一次没有经过认真计划的会议，每月开一次高效的会议更有价值。我也是在我的直接下属提议以后不能再这样开会了之后才学到了这个经验。他们认为，我们为了例行规定的日程安排，总是在周会上花太多时间讨论一些不怎么重要的事情，这种会议太浪费时间了。因此，他们建议我们应该每月开一次会。我采纳了他们的建议，而且我非常高兴我采纳了他们的建议！因为我们新的每月例会上充满了重要的、有效的工作，不再有一分钟的浪费。会议议程仅限于重要事情，而其他那些不太重要的事项则通过电子邮件、电话和当面交谈等方式进行处理。如果发生意料之外的重大事件，我们则召开专门会议进行处理。

这次事件教会我：与会人员的真诚反馈就是评估会议有效性的最好办法。问问他们会议频次是过于频繁还是次数不够？会议时间过长还是过于仓促？会议相关人员是否都考虑到了？一旦发现了问题所在，就要邀请关键人员思考使会议更加实用、高效和令人愉快的方法，这样，每个参加会议的人都能从会议中有所收获。根据我的经验，领导者在会前准备越充分，会议的效率就越高，效果也越好。理想的情况应该是，提前将议程准备好，会前48小时将会议议程发给参会者，使他们有充足的时间准备。然后会上根据议程来保证会议不跑偏并控制好时间。说到时间问题，顺便提一句，无论参会人员是否都到了，会议都应该按时开始并按照设定的时间结束。这样才能保证会议效率，开会迟到的毛病也会很快改正。

另一个要点是，只邀请必须到会的人员来开会。本质上，只有两类会议——发布信息的会议和解决问题的会议，了解这两类会议的差别，能帮你确定谁应该参加。如果你召开会议是为了发布信息，那么你团队或部门里的每位员工都应该参加，这样就不会有人不明就里；如果你召开会议是为了解决某个特定问题，仅通知那些直接相关人员即可。如果你曾经去参加过某个为了解决某个特定问题的会议，而你不明白为何要让你参加——几乎每个人在职业生涯中或多或少都遇到过这种情况——这说明你的领导者其实并未清楚地理解这两种会议的区别。

许多会议召开的目的仅仅是让老板能够与手下员工保持接触。这个目的本身很有价值，但可以通过很多更有效的方式实现——与员工面对面地交谈或者去员工的工作场所看看等。虽然出色的领导者与员工总是保持着接触，可是他们只有在真正必要时才会召集员工们开会。所以，请与你的团队一起讨论如何安排才能使会议最高效。我敢保证，参加讨论的员工一定会对这些努力赞赏有加。

**7.任何人都能够改革。**读到此处，你可能会想："你说得不错，但是，我的工作职责并不包括评估企业组织架构，我也没有责任和权力来改变组织架构。"你错了！你不是非得要正式负责组织架构的变革，假如你有好的想法，你可以写下来，然后交给你的上级。不过请不要做怨妇，请以专业的方式提议，此外，你的观点不应该针对在那个职位上任职的人，而应该针对相关的职位和职责本身。

同样地，如果你有权力进行组织架构改革，那就请让每一位员工知道他们的建议都是被欢迎的。在迪士尼，我常常告诉员工："你们的一部分薪酬是为了你们提出的建议而奖励给你们的。"我们鼓励员工用发展的眼光来评价公司的组织架构并以书面形式提交建议。请记住，基层员工能够看到很多你所看不到的信息——诸如"谁没有充分履行职责""谁承担着太大的压力""哪个环节因组织架构缺陷而信息传递不畅"这样的信息。

有一次，我穿过迪士尼世界®度假区的时候，一位一线员工走过来建议我们应该重新评估我们称为"工长"的职位。这个职位从1971年开始设立，为了让有技术专长的一线员工有机会培训新员工。这个职位的职责范围经过这些年的演变，还包括一些管理工作，尽管工长们并未接受过正规的管理培训。我从这位员工嘴里得知：虽然有些工长工作非常出色，但也有一些工长在安排员工休假时滥用职权，厚此薄彼，还有的工长甚至会惩罚员工——而这并不在他们的职责范围之内。

这位员工的建议对我而言非常有意义。其实，我们在没有工长的情况下照样成功地开办了巴黎迪士尼乐园，因此，我也曾经考虑过彻底废除这个职位。但是因为华特·迪士尼世界®有几百名工长，废除这个职位一定会让一些人感到痛苦，所以我一直犹豫不决。而且，工长这个职位在迪士尼世界®历史悠久，多数经理无法想象如果没有工长该如何运营。还有一个原因是，那时我刚到华特·迪士尼不久，我觉得初来乍到就忙着"兴风作浪"并不好。不过，我听完那位员工的看法后，就与我的老板和工作团队分享了看法。然后我们制订了一个计划——一部分工长参加管理培训项目，另一部分则被送回一线。当我确信没有人会因此而失业后，我就信心满满地推进这项改革了。即便我们后来又增设了小时工来帮助进行技术培训，那次改革还是为公司节省了几百万美元的劳动力成本，并且许多工长成了公司优秀的经理。倘若没有那位员工的主动提议，可能永远都没有这样的结果。这就是员工能够自由发声的企业文化的价值所在。

**8. 做好风险准备。**据说有两种态度会阻碍改革成功，注意不要掉入这两种态度的陷阱里——一种是"可是，我们一直都是这样做的啊"，而另一种是"可是，我们以前从来没有那样做过啊"。时刻探索更好的工作方法，而且不要害怕打扰别人。一定要想办法实现你的好创意。请记住，如果不成功，你也可以再次改革。

人生只有可逆转的与不可逆转的两种决策。当你犹豫是否要进行组织架构改革时，请问问你自己："这个决策可逆转还是不可逆转？"先做这种判断让我有信心去承担风险。如果决策可逆转，我会倾向于冒险；反之，我则会更加小心谨慎、尽职尽责。以本章开头时讲的那个故事为例。因为让厨师直接向总经理汇报的决策是可逆转的，因而很容易实施。取消工长职位的决策也是类似的情况。

　　这种可逆转—不可逆转的判断让我在员工提出建议时能够更倾向于同意他们的建议，而总是反对员工建议的领导者则发现，他们的团队不再向他们提出新的想法了。因此，请记住，改变已经不能如你之前所计划的那样起作用的决策并不是丢脸的事情，这是健康改革过程的一部分。

　　**9. 预料到改革阻力。** 无论你何时建议要大幅度地进行组织架构改革，总有一些人会提出反对意见。有些人仅仅是安于现状，不喜欢变化；有些人则害怕改革结束后他们会成为受害者。优秀的领导者会认真听取反对意见并注意其中合理的观点。但是，一旦他们认定了正确的方向，他们就不会让他人阻碍自己。所以，预料到阻力的存在，接受它，并对它以礼相待，这非常重要。但是，如果你已经做到小心谨慎、恪尽职守，并且确信你的方向是正确的，那就不要害怕坚持你的信念。

　　有一次，我们为了节省资金，决定雇用外面的公司对酒店里的某些区域进行保洁，这次组织架构调整决策也遇到了阻力。尽管我们为了最小化改革的影响，只外包了夜间保洁工作并承诺为那些工作受到影响的员工重新安排工作，我们仍然受到了来自工会代表和部分经理的阻力。我们坚持变革，同时对反对者以礼相待——我们很有诚意地保留每位员工的工作和薪酬，这是我们克服阻力的关键。有些员工没有夜班补助了，但他们可以通过加班来多挣些钱。还有一些员工对新的交班制度不满意，但时间久了也调整好了。最终，皆大欢喜。我们的保洁成本显著降低了，但酒店跟以往一样干净。

即使在最小的组织里，组织架构改革也会遇到阻力。还记得那个愿望岛的首席执行官劳丽·科塔斯吗？我们在第三章提到过她。当她的非营利组织不断壮大时，她觉得有必要让每个员工集中精力负责一个领域而不是事事都做。在小型组织中，员工什么都做的现象非常普遍。可以预见，员工们会认为有些东西被人从他们手里拿走了，而不会认为他们是从杂务中被解脱出来以便更好地做一项工作。"以往，"劳丽说，"想到我会失去那些不愿意改变的员工，我就感到很有压力，心里难过。"在迪士尼学院®学习了组织架构改革的重要意义之后，劳丽终于能够坚持自己的信念，并努力说服那些反对者同意她的观点。她自己也学到了一个经验：有时候必须做出艰难的抉择——让优秀员工离开。

因为人们天生就抵触变化，所以，优秀的领导者不仅引导员工适应改革，而且引导员工欢迎改革。事实上，优秀的领导者还会更进一步——他们会培养员工去寻找发起改革的积极途径。1994 年，我因一件自然发生的事情掌握了引导员工积极面对改革的方法，这个方法从那以后就成为我的个人标志。

那时，我们决定宣布撤销几个传统的酒店管理职位。我知道这次组织架构改革肯定会遇到强硬的抵制，因为改革力度有点大，因此，我决定给几百名管理层员工做一个关于改革的演讲。我要通过这个演讲，让他们接受并认同"现在是我们这些领导者采取措施进行组织架构改革的时候了"这样的信息。我知道，我的演讲如果成功了，将为公司的积极转变做好准备。但是，我在草拟演讲稿时走入了死胡同，我想不出能说服经理们认清打破常规很有必要的好办法。

我垂头丧气地回到家，期望着我最喜欢的晚餐：普里西拉最拿手的肉糜卷，配上土豆泥、新鲜的芽甘蓝，再爽快地抹上塔巴斯科辣沙司。这是我们家 25 年来的传统，这样的晚餐保证能使我精神振奋。但是我一坐下，就看到有些东西不一样了。塔巴斯科辣沙司变成了绿色的，不是以往的红色。普里西拉认为我们应该试着品尝一下绿色的塔巴斯科辣沙司。我不愿意，我听都没听说过绿色的塔巴斯科辣沙司，我想吃美味的、传统的、可以信赖的红色塔巴斯科辣沙司。但她坚持这样做，于是，我只好在肉糜卷的一角抹了一点点这个看起来很奇怪的东西，然后咬了一口。你猜怎么着？味道太棒了。一句话突然闪现在我的脑海中："只有等到非改不可的那一刻，人们才不会反对改革。"我十分确切地知道在我职业生涯最重要的演讲中应该说些什么了。

到了演讲的时间，我走到麦克风前，将一瓶红的和一瓶绿的塔巴斯科辣沙司"砰"地放在指挥台上。我说道："红色的塔巴斯科辣沙司作为唯一的塔巴斯科辣沙司已经有 125 年历史了。你们能想象出在生产塔巴斯科辣沙司的公司里有人提议生产绿色的塔巴斯科辣沙司时别人的反应吗？"之后，我又向听众们讲述自己最初多么抵触绿色的塔巴斯科辣沙司，最终在普里西拉坚持尝试的决心下成了绿色塔巴斯科辣沙司的忠实拥护者。我继续说道，现在我们家同时吃这两种颜色的塔巴斯科辣沙司，那家公司的这两种塔巴斯科辣沙司卖得都很好，所以我们并不是唯一这么做的人家。

几个月后，我还为那些勇于尝试新方法的领导者设立了绿色塔巴斯科沙司奖。我只是把获奖领导者的名字以及一些关于他的创新如何提高我们的业务的评价，写在一瓶绿色塔巴斯科辣沙司上颁发给他。这个奖项成为积极改革的象征。你或许也可以沿用类似的思路做一些事情。

这个故事的内涵在于：员工们并不能总是立刻认识到改革的价值。但是，如果你坚持改革，他们很快就会看到，打破常规不仅是为了公司的利益最大化，也是为了他们自己的利益最大化。而且，他们还会以你为榜样，尝试着自己发起改革。

**10. 不要试图赢得每一场战斗**。这是对前面观点的警告。虽然领导者需要坚持不懈和坚定不移地面对重重阻力，但他们同样需要每前进一步就灵活地调整自己的视角。反对者们可能会有很多正当的理由来反对你的计划，你不可能为每个问题去辩解理论，所以，请认真听取他们的意见，了解什么时候应该放手并保存实力以备后战，是非常关键的。问问自己，你究竟是在为有价值的目标而奋斗，还是因为你无法承认自己的错误或是因为无论怎样，你必须要赢？没有人愿意为那些利用职权，以牺牲公司长远健康发展的代价来成就个人成功的领导者工作。

我在万豪酒店曾经与一些醉心于为自己争名夺利的领导者一起工作过。那时，公司为了重振企业雄风，从另一家知名连锁酒店引进了几名行政主管。他们呢，确实重新整顿了酒店。但是，他们如此急切地想树立自己的权威，以至于他们进行全面改革之前根本没有费心去了解酒店运营状况和员工的情况。他们没有做很多思考和咨询就改变了酒店的经营理念〔这一行动被迅速扭转回来，因为客户们直接投诉到了比尔·马里奥特（Bill Marriott）的办公室〕。他们排挤能干的经理们，并让他们的前同事取而代之，而他们前同事的独裁作风与万豪酒店公司的企业文化水火不容。虽然他们确实为人精明、经验丰富并且技术娴熟，但是，他们对待员工缺乏尊重，做决定缺少咨询，对问题和建议不屑一顾，因为他们认为只有自己才是正确的。他们如此好胜心切，以至于吓得员工们都尽可能地避免与他们接触。他们以为很快就能把他们原来公司的那套办法照搬到万豪酒店。但是，他们滥用职权，牺牲员工的士气、工作热情以及团队协作精神，堆砌起个人的胜利。他们最终在折腾了 18 个月后离开了公司。他们曾经是业内的明星，但他们中的大多数人从那之后职业生涯都黯淡无光，只能不停地从一个职位转到另一个职位，从一家公司跳槽到另一家公司。

因此，不要把不惜一切代价获胜与有说服力混为一谈。如果你相信自己的眼光，请想尽办法克服阻力并坚持自己的目标，结果终究会说明一切。但是，如果反对者的意见很有说服力、论据可靠，就不要固执己见，不肯让步。员工们会尊重那些既敢于进行改革又勇于承认自己偶然犯错的领导者。

**11. 你永远不会真正结束改革。**当你完成了组织架构的重大改革后，请不要满足于已有的成就而止步不前。不管你认为自己的设计多么完美或者你多么为它自豪，如果形势需要，你还得随时准备再次调整它。

请记住，你发起的改革今天看起来可能很有前瞻性，但明天可能就变得很传统。新的组织架构一年后就可能变成"本该如此"——实际上，对企业新来的员工来说，它们就是"一贯的做法"。如果你不能不断地重新评估你的组织架构，你就会变成抵触改革的老古董。一旦你变成了守旧之人，持有新理念的人就将取代你——特别是在这个技术不断迫使我们调整工作方式和管理方式的时代。想象一下，假如一家旅行社在已经出现自动化系统后依然固执地坚持用电话预约旅行，或者假设一个行政主管因认为用电脑是"秘书的工作"而拒绝学习如何使用电脑，会发生什么呢？

组织架构需要改变时并不总是那么明显，特别是当企业运行情况良好时。但是，如果你从来不质疑现状，一旦企业组织架构已经明显不能正常工作时，你就得在重重压力下被迫进行改革。因此，要留意如下迹象：员工开始抱怨形式主义；关于公司官僚主义的玩笑变得普遍；员工们说感觉自己像寄生虫或机器人；那些能干的员工感到自己不被重用或者工作没有挑战性；领导者们觉得很沮丧，因为他们没有足够的权限去完成他们的职责；富有创造力的员工不断辞职。如果你看到了这样的迹象，你就应该重组公司架构了，不要等问题变棘手了再行动。有时，当公司运行很好的时候，一些最好的创意就来了，而你需要做的就是继续往前迈步。

有一句很有意味的反话：组织架构越合理，越容易改革组织架构。为什么呢？因为出色的组织架构具有内在的适应性。如果你营造了改革的企业文化，在这样的文化中公司上上下下的每个员工都被允许探索改进组织架构的创新办法，你们就能够更好地适应意外事件和紧急情况。我是在华特·迪士尼世界®通过亲身经历学到了这个经验。在佛罗里达，我们经常需要做好准备应对飓风袭击，因而我们有一套针对紧急情况的架构。结果，"9·11"那天，我们一知道那个可怕的消息，所有相关人员就清楚地知道自己应该去哪里以及应该做什么，并且我们在半个小时之内做出了重要决策——调动大巴紧急疏散主题乐园中的5万名游客；免费提供酒店房间给有困难的游客；提供现金和食品优惠券给需要钱吃饭的游客；暂停收取打到世界各地的电话费用；派出身着演出服装的演艺人员安抚吓坏了的孩子们。

当一切恢复平常，我们重新开园又面临新的挑战，因为公司收入锐减，而且旅游业前景不明。我们知道，我们得尽快改变组织架构。阿尔·韦斯做的第一个决定是不解雇任何一名员工。我们必须通过其他方法降低成本。我们采取了以下一些措施：关闭了几个娱乐设施和一个拥有1 000套客房的度假区，让员工在多个岗位上轮班以便让每个人都有工作。减少员工工资，并不再雇用临时工作人员，缩短上班时间，鼓励员工用完他们积累的休假时间。通过与其他降低成本的措施（随后几章会谈到）相结合，这些架构变动使每个员工都保住了工作，并且使公司正常运营到员工们的收入恢复如前。所有员工在那年年底都恢复了全时工作。虽然所有人都经受了短时期的痛苦，但最终我们有了足以应对最艰难局面的更强健的组织架构。

我们并未就此止步，而是不断地探索更加高效的组织管理方法。比如，我们不久后就让一些总经理同时管理两家度假酒店而不是原来的一家。这些经理的团队规模扩大了以后，我们可以更自由地在不同业务之间调配保管员或厨房员工，这使我们的生产效率大幅提升，客户服务质量也得到了极大的改善。

我协助培训过的领导者继续奉行创造性改革的企业文化。就在我撰写本书的过程中，迪士尼主题乐园和度假区还在推行组织架构的重大改革。过去的两年里，迪士尼公司正在走向更集中化的管理模式，它的行政主管需要负责全世界子公司诸如食品饮料、货物、娱乐设施、维护保养等某个领域的工作，这种架构改革是为了让行政主管们能捕捉各个公司运营中的最佳实践，并在迪士尼世界®各地的子公司中迅速推广。

# 行动步骤

运用下面两个清单来评估你的企业组织架构到底是运行良好还是已经到了应该改革的时候。

如果出现以下情况，说明当前的组织架构就是成功的：

* 你不在公司的时候，企业照常顺利运行。

* 员工的义务、责任和权利界限清晰。

* 能快速高效地做出决策。

* 不同层级之间信息沟通顺畅。

* 相关人员能迅速给予回复。

如果出现以下情况，说明当前的组织架构不合适了：

* 员工抱怨浪费时间、分工不明确、信息传递不畅。

* 过多人参与每一个决策。

* 企业内部"藏着"工作效率不高的员工。

* 每个经理的直接下属过多或过少。

* 会议时间过长、次数过频或收效甚微。

第五章

**策略三：员工才是企业最闪耀的品牌，而老板不是**

美食是迪士尼全面体验的重要一环。我在华特·迪士尼世界®度假区任期内，餐厅厨房的菜肴由口味一般逐步变得口味出众，不仅赢得了客户的称赞，也获得了美食家的青睐。某一天，我对老板阿尔·韦斯开玩笑地说，我值得拥有所有的这些荣誉，因为我是那个聘请迪特尔·汉尼格并让他担任餐饮部主管（后来他升任高级副总裁）的人。迪特尔是一名受过专业训练的大厨，对这个领域里里外外的事务都一清二楚。他拥有专业的技术知识，与之相匹配的还有完美的职业精神、无可挑剔的人际关系技巧，以及用新鲜、健康的食材变魔术般地做出美味佳肴的天赋。迪特尔是迪士尼世界®餐厅从快餐服务到豪华宴会都享有盛誉的最大原因。

在早期的职业生涯中，我一度认为，企业所能具备的最重要的东西是一个强有力的品牌。很多人会从企业的产品和标识这两方面去认识企业的品牌，但是我很快发现，事实上，你的员工才是你的品牌。不管你的产品质量和服务水平多么好，除非你能吸引、培塑并留住那些优秀的员工，否则你便无法实现真正的卓越。自从学会了该怎样去做之后，我作为行政主管的工作和生活就变得简单多了，因为我有幸能够直接面对这些讨人喜欢而且富有才干的员工们。我们这个团队中，无论是在工作上还是个人情感上，所有人都能互相尊重。无论形势看起来有多么紧急，我从未担心过我们在执行决策方面的能力。

就像行医问药一样，雇用和提拔合适的员工，将为你省去很多痛苦的、代价高昂的麻烦。接下来的建议会花费你很多的时间和精力，但是这能够赋予你一项他人难以复制的竞争优势。

1. **界定完美的人选**。在招人或雇人的时候，明确知道自己想要什么样的人是非常重要的。准确地了解清楚，你所期望招的人应该具备哪些素质，你希望他们拥有什么技能，你想要他们能够完成哪些任务。这些问题需要所有参与决策的人员进行仔仔细细、彻彻底底的考虑。你可能无法总是找到完美的员工，但是如果你瞄着最好的标准去找，你至少能找到比较好的员工。

不管你招聘的职位是什么，我建议在对应聘者进行能力评估时，从以下四个方面着手。

技术能力。这仅仅是意味着具备完成某工作所要求的知识和技能。比方说，会计人员需要懂得税法并具备财务管理能力；配送人员应该知道如何驾驶卡车；厨师必须对食谱了然于胸，懂得收集合适的原材料、如何做出可口的饭菜。

管理能力。每一名求职者都应该遵章守纪、能够自我约束并且能把各项工作做到有条有理。一个拥有数十个客户的银行投资家需要精通交易和投资组合；鞋店进货需要持续性地留意存货、订单和收益情况；而对于每天晚上供应成百上千道饭菜的宴会承办人来说，组织原料供应、保持收支平衡、兼顾各式菜品是必修课程。无论招聘什么岗位的人，我总是倾向于寻找那些对自己有良好规划的人。我经常说，我的日程安排就是我最好的朋友，我们已经一起走过超过 25 年的时间，我把它称为我的"大脑备份"，只要我找不见它，我就会感到莫名的痛苦，这种感觉就像父母意识到自己的孩子丢了一样。我还有一款黑莓手机！它是我另一个非常好的朋友。因此，当你评价应聘者时，要确保他们能够有效地安排自己的工作。

科技能力。对于与自身职位相关的科技知识，所有人都要求能掌握并运用。以护士为例，他们必须知道进行注射或者测量心率时需要使用哪些仪器、哪些软件和哪些机器设备；汽车机修工必须知道哪些零件和工具可以用来修理发动机；麦当劳购餐通道的服务员需要知道如何操作系统，使得客户的订单能够直达厨房的屏幕上；医院的决策者、修理店和快餐公司全部都需要了解前沿科技，以保持自己的领先优势，而且，还始终需要搜寻下一个能够提升企业效能的科技进展。

领导能力。既然本书主要关注的是领导力问题，那么有一点是必须说明的：无论你招聘什么职位的人员，一定要观察他们的领导能力。厨师长也许是一个出色的烹饪大师，但如果他没有招到合适的人手，未能把员工培训好，并且无法激发员工去做好每一道菜，那么，他也就只能一直局限于烹饪工作了。

**2. 不要只是"复制"之前的员工。**在填补职位空缺时，不要只是找一个离职员工的翻版。尽管职位名称和原来的是一样的，但是不同阶段对于所需要的员工有不一样的才能和经验要求。例如，在公司有很多新员工的时期，你可能就需要一位擅长搞培训的经理；在另一时期，当利润率下降时，你可能就需要一位财务技能过硬的人员去胜任这个职位。对目前的商业环境和团队情况进行评估，看看你现在最需要具备什么才能的人，然后着重选择满足这些条件的人才。每一个职位的空缺都是重新审定该职位所承担的角色的一次机会。

在华特·迪士尼世界®，有一次我们需要找人来代替迪士尼预约中心负责人，这个职位需要负责 2 000 多个代理商。对这一职位，我们选择了时任未来世界运营副总裁的乔治·卡罗格雷迪斯（George Kalogridis），尽管他先前并没有类似预约中心部门的任职经历。他的前一任负责人被聘用的时候，我们明确要找一个具有预约中心工作背景和广泛专业技术知识的人。但是这次，这些素质都不重要了，我们需要一名卓越的领导者。当时，预约中心面临着员工流出比率高、培训机制存在漏洞等诸多问题，与此同时，乔治被证明在吸引专业人才和激励员工续创佳绩方面有很多窍门，这正是该职位最需要的。他上任后不久，情况就完全好转了，员工流出比率大幅下降，生产效率和客户满意度大幅跃升。

**3. 从不可能中发现可能。**有时，你可能会在最不抱希望的地方找到最佳人选。聘用乔治担任预约中心负责人，意味着需要有人接替他担任未来世界的运营副总裁。我选择了布拉德·雷克斯（Brad Rex）这么一个别人认为不可能的人选。他之前是迪士尼公司劳动管理部门的副总裁，但没有任何公司运营管理方面的经历。布拉德是美国海军学院和哈佛商学院的双料毕业生，来迪士尼公司从事财务计划工作之前，他曾担任过海军核潜艇上的军官，后又就职于英国石油公司。当我拉他过来负责未来世界的运营工作时，整个部门都表示震惊。但是，我中意的是布拉德的商业背景、他解决问题的能力、他的批判性思维技巧和他表现出的激情和带领团队的才干。通过一项交叉培训项目，让他熟悉了主题乐园运营中技术层面的问题之后，就让他甩开膀子去开展工作了。接下来的 5 年里，他让未来世界在员工满意度、客户满意度和经济效益方面实现了巨大飞跃。在"9·11"事件之后的那个困难阶段，布拉德的财务和劳动管理工作背景帮助公司控制了经营成本，并且保证了员工能够全身心投入到为客户提供优质服务中去。

因此，不要总是在很显眼的地方选人，也不要简单地因为候选人不符合某份工作的用人标准就直接拒绝他们。如果他们有突出的工作能力以及鼓舞他人的领导才能，就不要抓着他们的特殊背景不放，更不要因此拒绝他们。事实上，你永远无法知道员工拥有什么样的天赋，这就像一个我最喜欢的关于迪士尼世界®的故事所阐明的那样。

在纺织服务部的熨烫分部，员工们被要求使用熨烫机每小时熨烫出一定数量的织物。他们把床单和枕套放到一个宽的传送带上，随着传送带向前传动，这些床单和枕套并排成一列，按顺序经过三个金属滚筒之后从机器后部传送出来，接着空气压缩装置将所有织物折叠起来。熨烫机里有一长圈的传送带，以一种平稳有序的方式引带着这些亚麻织物穿过滚筒。传送带是连续传动的，但是整个传送带分为几段，通过打结的形式连接而成。有时，绳结坏了，整个机器就堵住了，心情沮丧的员工只好停下所有的工作去修好绳结。而员工们是要对工作结束后任务完成量负责的。

一次，一位名叫 J.R. 加西亚（J.R. Garcia）的工艺维护技师（他是员工中级别最低的工程师）找到了纺织服务部的领导团队，提出要改变绳结的打结方法，这样传送带就能更好地连接在一起。他在尝试了几种不同的打结方法后，一下就找到了一种行之有效的方法。他创立的打结方法一直到今天都还在使用。作为客房熨烫部的经理，肯·米拉斯基（Ken Mimtsky）说，这种方法每年能为公司在传送带方面减少 4 万美元的开支，自运用以来，13 年里已为公司节省了50 多万美元。这种打绳结的方法加西亚是怎么知道的呢？这并不是他在迪士尼世界®培训内容的一部分，这是他在海军潜艇上服役时所受训练的一部分。在这之后，加西亚当上了领班，后又晋升为经理，随之成为纺织服务部所有三个分部的首席工程师，最后他当上了纺织品服务部主管。

**4. 让整个团队参与到员工的选拔过程中去。**曾经有多少次，你对所宣布的新招员工名单感到吃惊？对于某人被提拔到某个职位上时，你是不是想知道为什么没人提前征求你的意见？令人诧异的是，主管们经常在没有征求团队其他成员看法的情况下，就做出这些重大决定。

伟大的领导者不仅充当着人力资源部门和猎头公司的角色，他们还会把对评估或面试求职者的机会让给经过挑选的部分团队成员。你觉得那样是对时间的浪费吗？再想想吧。你团队中的其他成员可能会问求职者一些你未曾想到过的问题，他们之间的交谈会转到不同的方向，进而引出很多不一样的信息。在所有团队成员都完成了对求职者的面试之后，你对求职者们会有更全面的认识。另外，既然工作团队中的所有人都将和新来的员工一起工作，这样的话，你将有更好的机会去挑选合适的员工。不仅如此，由于新招过来的员工能和工作团队较快地熟悉起来，他们角色的过渡阶段将会更加平稳。

在迪士尼，我们实行了一项让某些在一线工作的员工能够面试管理职位候选人的制度。这项政策，与我们的观点是一致的，即领导者应当为下属服务，而不是反过来。很快这就被证明是大有裨益的。员工们会尖锐地、一针见血地问一些问题，不仅会问一些有关时间安排和培训计划等平常事项，还会涉及大家非常关切的问题，比如，求职者打算在工作中怎样与员工进行密切合作，他们会怎样对待员工，他们将让哪些人参与到决策中去。有些经理称，他们从未经历过这样艰难和富有思想性的面试。当然，最后决定权不取决于这些一线员工们，他们的报告将与求职者领导水平情况和管理部门面试情况一起打包，送到能够对最终结果负责的领导那里。不过，这些员工的意见被认为对决策能起到重要作用，而且是决定性作用。

在众多的行业中，很多组织都非常成功地采用了让各级员工参与到招聘过程中这么一个策略。例如立足于密歇根州的加迪安工业公司，它是世界上最大的玻璃制品厂商之一，有超过100家的工厂，拥有近20 000名员工。在参加了迪士尼学院®的培训课程后，公司管理层决定将公司的钟点工也纳入到对求职者的面试过程中去。除了相关的经理和部门主管外，他们训练那些挑选出来的员工去面试别人，这些员工还被鼓励去担任新聘员工的样板和培训者。他们说，现在他们拥有"更加健全的招聘和培训体系"。无论你的企业拥有什么样的宗旨和什么样的规模，都没有理由不按这样去做。

**5. 选人要依据才能而非简历**。当你翻阅某一份简历时，永远要记住是谁写的这份简历。据估计，在诸如教育背景、任职经历、工作职责和取得成就等方面，40% 的简历都有夸大成分。因此，不要把简历看作是客观的报告，把它们当成广告就好了。

我在万豪工作期间，曾面试过一位求职厨师的男士。他的简历上写着，他在宾夕法尼亚州有过厨师经历。事实证实，这不是一句完全的假话：他曾经在州立监狱服刑，并在那儿的厨房工作。我没有要他，不是因为他入过狱（我以前也招过被判过刑的人，但这些人没有让我失望），而是因为他没有把全部实情告诉我。我知道，即便他做了这份工作，我也不会相信他。

有一次是在华特·迪士尼世界®，我否决了一位候选人去担任商务部主管，原因是他的简历上说他有大学学历，但后来证实并非如此。因为他出色的经历和符合我们需求的能力，即便他没有这个学历我也会聘用他。但是，他不仅捏造了他的教育情况，而且还尝试去掩饰这个谎言。当他被告知我们的学历审查无法核实他是否获得过学位时，他不仅不承认，还辩称这是办事人员的失误。

因此，阅读简历时要抱着怀疑的态度，不能轻信虚假和夸大之词。弄虚作假比候选人试图掩盖的其他任何缺点都要恶劣。

**6. 找到合适的人选**。有一回，在迪士尼世界®，我们为公司最好的一家餐厅招聘了一位卓越的厨师，尽管他在为人处世方面有着不好的名声。别人说他是专横、自我、难以共事，但是，我们被他的厨艺和技术所折服，以至于我们说服自己相信我们可以改变他。但是我们很快就意识到，就算是迪士尼的神奇力量也无法改变他的本性。虽然在决定要聘用他之前，我们已经向他明确阐明了作为迪士尼公司的管理者应该具备什么样的领导范儿，但他还是辱骂员工，无礼地对待员工。最后，他在迪士尼世界®工作的时间没有超过90天。

有了那一次经验之后，我发誓在做每一个招聘决定时都要考虑"团队效应"。为了使候选人的个性与组织文化相适应，我拒绝了许多符合业务条件的人，因为他们不具备特定环境下的人际关系处理技巧或政治敏锐性。我和我的同事都知道，"独行侠"式的经理和主管们在迪士尼公司的团队文化中是难以适应的。无论天赋多么出色、经验多么丰富，对于那些习惯大权在握、无法与别人分享权力的候选人，我们根本不予聘用。

我们使用了多种方法来确定这些潜在的领导者们是否能够适应公司的文化氛围。首先，我们试着从公司内部提拔人员，这样我们可以非常熟悉他的工作风格和性格特点。要是从公司外部选拔，我们将尽可能地对候选人的情况进行多样调查，进而了解候选人。公司员工参与对候选人的面试，也有助于我们判断该候选人与现有团队是否合得来。对于高层管理职位的候选人，我们会让盖洛普咨询公司提供候选人详细的领导能力评估报告，我们会在他们身上花大量的时间，确保他们能够清楚地理解我们的预期。对这些潜在的主管们，我自己还会用至少4个小时的时间与他们一起逐字逐句地阅读《迪士尼卓越领导力策略》，并时刻观察他们的反应。

要点：企业文化是企业的员工所创造的产物，每一次员工的加入和退出都会改变文化的内涵。因此，务必要竭尽所能地去保持企业业文化的和谐。

**7. 聘用比你更聪明、更有才华的员工。**无论你多么聪明过人、多么才华横溢，在工作上的某些方面，总有人能比你做得更好。缺乏安全感的领导者会尽量躲开这些强于自身的人，而卓越的领导者则努力去把这样的人才找出来。

我们面对这样的事实吧，拥有非凡的才能会让人深受鼓舞，但同时也可能引发怨恨和嫉妒之情。卓越的领导者不会让这种个人的不安全感阻碍成功的实现。他们不会害怕被具有卓越才能的下属超越，相反，他们会把认识和聘用这些杰出人才当作很自豪的一件事。我知道，我的成功得益于这样一个事实，那就是那些为我工作的每一个人在某些方面都在我之上。举几个我在迪士尼世界®的团队成员的例子，埃里恩·华莱士、克里斯·博斯提克（Chris Bostick）、艾丽丝·诺思沃思（Alice Norsworthy）、巴德·达尔（Bud Dare）、杰夫·瓦赫尔、迪特尔·汉尼格、莉斯·博伊斯（Liz Boice）、琼·赖安（Joan Ryan）、格雷格·埃默（Greg Emmer）、里奇·泰勒（Rich Taylor）、卡尔·霍兹以及唐·罗宾逊（Don Robinson）等，他们是各自负责领域里真正的专家。令我感到自豪的是，他们当中的许多人在事业上取得了比我更辉煌的成就。因此，当你发现自己对某个候选人是否真正合适还存有疑问时，确保你犹豫不决的原因不是因为害怕他的才华会超过你。聘用最好的人才，他们的聪明才智不会使你的声誉降低，反而会给你的事业增光添彩。

**8. 全面介绍招聘岗位。**如果求职者加入你的公司，他们需要对所要签约的职位有一个准确了解。秉着同时对求职者和公司负责的态度，你应该向他们详细说明被聘用后的职责和权限，并让他们对公司文化有一个充分了解。

在迪士尼公司被称为"锻造人才"的招聘中心里，所有求职者在面试前都要观看一个视频。片中重点强调了迪士尼公司的历史和传统，同时对员工薪酬、福利待遇和额外津贴进行了概述，并对公司的日程安排和一些其他规定进行了说明。此外，这部片子还概括出了公司对员工职业素养的要求，甚至包括员工应遵守的严格的外在形象标准。看完片子后，有的求职者默默地起身离开，直接就放弃了。这个片子不仅为员工的最终聘用提供了导向，而且还为公司省下了一大笔经费，这些经费本来可能要用于招聘、培训和更换那些不适合在公司工作的人员。

多家在迪士尼学院®学习过的公司采纳了这个创意。其中之一便是梅赛德斯家庭建筑公司，其总部设在佛罗里达州，公司已经输送了将近300名员工去参加迪士尼学院®为其专门设计的培训项目。在一次研讨会上，该公司运营副总裁斯图亚特·麦克唐纳（Stuart McDonald）问道："迪士尼如何确保能够招聘到与岗位相适应的员工？"当被告知有关面试前观看公司录像片的情况后，斯图亚特找了一家电影公司制作了一部关于他的公司的片子。"我们发现，看过片子后，大约有15%的求职者直接将没有填过的申请表交了回来。"他说，"那些达不到公司标准的人主动放弃了申请资格，因此，我们就不需要纠结于他们所犯的错误或给人的不好印象了。"猜猜这之后发生了什么？公司员工流失率骤然下降，而员工推荐率却在增加，员工的斗志、自豪感和同事情谊也随之大涨。

有趣的是，一些公司在制作简介片之前就发现了树立公司标准的有利之处。作为加利福尼亚州弗雷斯诺城的圣·阿格尼丝医疗中心优质服务业务总监，玛丽莲·凯尔兹（Marylynne Kelts）决定制作一部求职者面试之前观看的视频。但她很快意识到，为了在片子中更好地阐述公司的用人标准，必须提前对公司的用人标准进行一番深入的思考。这之后，公司向所有员工推出了一本指导指南和一套系统的工作程序，其中有一条特定标准是整个公司历经整整一个月的研究才确定下来的。当我写下这些的时候，该公司的视频仍然没有制作完成，但是提前将片子中要介绍的员工工作标准界定清楚，已经在公司业绩和生产效率方面释放了巨大红利。

你的标准到底是什么？你究竟对员工有着什么样的要求？在你做出可能会让你后悔的决定之前，一定要确保每个求职者都能全面了解相关工作标准。

**9. 亲自考察候选人。**1979 年，也就是在我担任芝加哥万豪酒店餐饮部主管两年后，我被召往位于华盛顿特区的公司总部与地区副总裁阿尔·勒法乌赫（Al Lefaivre）会面。那时，作为公司正在考虑的提拔人选，我也准备向他汇报我在芝加哥完成的工作和取得的业绩。但不等我开口，阿尔就告诉我，他对我的情况都已经清楚了，而且这并不仅仅是通过我的声誉了解的。实际上，阿尔曾经在我们酒店住过 3 天，其间对我负责监管的餐厅、宴会、酒吧和客房服务等情况进行了考察。"工作运营情况是你自身素质的真实反映。"他告诉我。我因此获得了这份新的工作，也领悟到了这种选人用人方式所带来的启示。

从那时开始，无论什么时候，只要有可能，对于重要职位上的人选我都会亲自核查，我也鼓励其他领导者去做同样的事情。每个人从书面上看都非常了不起，都有着光彩夺目的推荐材料，但是，个人的好坏标准取决于他们取得的成绩，因此，本着对个人和公司负责的态度，你需要对候选人进行细致的考察。如果有可能的话，请亲自到候选人当前所在的公司走访走访，仔细观察该公司的经营状况。看看其公司员工是否富有才干和训练有素，他们的一言一行是否专业，他们的工作是否精干高效、有理有序，公司设施是否干净整洁。听听别人的对话，试着直接与其以前的同事进行交谈。你所听到、看到的东西，将直接反映出该人选将给你的企业带来什么。

我所做过的最为重要的一些招聘决定都是实地考察的结果。比如，当迪士尼世界®计划开设木板路度假旅馆（一个有着亚特兰大早期木板路风格的旅馆）时，我们认为将某些餐饮业务承包给外面的公司在财务上意义重大，但这需要以各签约公司达到我们的标准为前提。有一家餐饮公司向我们提供了一个非常有说服力的视听演示方案，展示了该公司在运行我们的计划流程中的卓越表现。但是，我们没有完全相信这些话语。一个星期三的晚上，我的同事巴德·达尔和我一起驱车前往杰克逊维尔去考察该公司的基本运营情况。我们甚至还没把车停稳，就发生了第一件令人不开心的事：一位停车场服务员竟然向我们要钱，这样才能让我们把车停在离酒店入口近一些的地方。之后我们注意到，酒店的玻璃门很脏，地板上有很多烟头。我们等了很长时间才受到接待，吃完之后，感觉服务水平和饭菜质量都很一般。最后，那脏兮兮的浴室让我们实在无法忍受。很明显，这家公司的管理水平没有迪士尼公司那么高的标准。毫无疑问，他们没有获得和我们签订合同的机会。

这是一个通过实地考察避免不良结果的例子。大多数情况下，我们的考察所带来的都是好的结果。对于重要岗位的工作人员，我都是在看了他们在经营方面的出色表现后才决定聘用的。总的来说，无论结果如何，实地考察中的每一张机票、每一张酒店账单以及日常工作之外的每一个小时，都是物有所值的一种投资。

当然，当求职者处于失业阶段时，你无法亲眼看见他们的工作状态。但你还是要透过现象看到本质，通过各种方法去了解他们离开原单位的原因。优秀的领导者通常是自己选择留在公司或者离职。如果到你公司应聘的求职者是被原单位解雇的，找出其中的原因。不要相信他类似"离开公司是为了去寻求其他的发展机会"之类的委婉说法，这就像政府官员离职是为了"有更多的时间陪伴家人"的说辞一样。说这话的时候他们其实是想要表达："我们不想让你知道我们被要求离开的真实缘由。"

一名目前处于失业状态的求职者不应该被取消录用资格。我招聘过很多被解雇过的人，后来他们都干得很出色。但是你最好是在做出录用决策之前，调查一下求职者被解雇的真正原因。

**10. 问一些启发性的问题。**当你面试求职者时，不要只问那些很容易想到、只需要回答"是"或"不是"的问题。你可以时不时地问几个需要经过深思熟虑才能回答的问题。我最喜欢问这么几个问题：

* 在公司里，你如何控制企业的人力成本？

* 在提升业务水平方面，你想过的最好办法是什么？
* 你如何规划你每天的时间？

情境假设是一项很好的考察求职者是否能够独立思考的手段。举个例子来说，我曾经问过这样两个问题："如果你发现你的老板正在做一些违法的或者不道德的事情，你会怎么办？""如果你的老板告诉你因为种族问题不要录用某名候选人，你会怎么办？"从他们对这些问题的回答中，你能够对求职者有很多的了解，尤其是当求职者给出了初步回答后，你一定要继续进行深入的考察，因为这些初步的答案只是反映了他们所认为的你想听到的东西。总而言之，不要让任何人那么轻易地过关。

我永远不会忘记我面试过的一位行政主管的回答。正如我之前提过的，我高度重视自我管理，我会详细地规划每天的时间，并对每天的工作按照优先级排序，确保我能以恰当的顺序完成好各项工作。因此，我叫这位求职者谈一谈他是如何规划每一天的。他的回答令我大吃一惊，他说："我只是等着在事情发生后再设法去处理。"这让我立马意识到我和他一起共事将是一件很糟糕的事情。凡是我录用的人员都知道，对时间的合理规划有助于避免意外情况的发生。这样，你就不用将所有时间都花在处理这些意外事件上了。

**11. 尽可能采用结构化的面试方法**。正如我在本章第 6 条所提到的那样，全面了解一个人需要知道他们的思维方式和领导方式，对此，结构化面试便是一个行之有效的方法。通过训练有素的心理学家给面试者打电话的方式，结构化面试方法能够深入普通面试无法企及的地方，并且得出详细的个人鉴定材料。这些有时甚至长达10页的材料，从团队合作、勇气胆量和批判性思维等各个角度，对求职者的特长强项和"机遇范围"进行评估。通过对求职者的思维和感知方式进行分类、对求职者所具有的和所缺乏的细微才能进行鉴别，这些鉴定材料可以为你提供一个很好的机会去了解他们被录用之后的工作表现。1994年，在迪士尼公司，我们发现了这个强有力的面试方法。在招聘方面犯过代价惨重的错误之后，我们需要找到一个更好的办法来筛选潜在的领导者们。通过全面深入的研究，我们与盖洛普公司的简·米勒（Jan Miller）签订协议，对每个管理职位的求职者施行结构化面试。我们非常满意这样一个结果，因此也请盖洛普公司为我们现任的行政主管们创建了鉴定材料。可以告诉你的是，查看自己的鉴定材料让我对自己有了更多了解，这也帮助着我不断成为一名更优秀的领导者。不管请盖洛普咨询公司或是其他公司来做这件事情，你都会发现，创建专业化的鉴定材料确实是一项非常有价值的投资。

**12. 找出求职者真正关心的事情。**在迪士尼公司，我们需要知道那些应聘者们能否在周末或者节假日这些我们最忙的时候上班。但是，我对那些为了公司利益非常愿意牺牲家庭和个人生活的应聘者们持有怀疑态度。因为我发现，从长远来看，能够平衡处理好工作与工作之外的各项事情的员工往往都是最优秀的。因此，要花时间去找出求职者最关心的事情是什么，要去询问他们家庭、朋友的情况，也要了解他们的爱好、情绪和业余生活。人们往往不愿意提及个人生活，因为他们认为这与工作不相干或者不相称，或者他们想给人留下完全投身工作的形象。让他们敞开心扉的一个办法就是谈谈你自己的生活。当他们发现你不仅有个人生活而且还很关心他们的个人生活时，他们开心的程度，将会让你感到惊讶。这个办法对我而言非常有效。当我与阿尔·韦斯谈到前往奥兰多任职一事时，我很快发现，他和我一样坚信工作与生活要协调平衡。我的老板会允许我每天下午去健身房并同意我出席所有家庭活动，知道了这些后，我和普里西拉坚定了放弃在巴黎的工作转而前往奥兰多任职的决心。

在华特·迪士尼世界®的这些年里，我一直以阿尔为榜样。举个例子来说，当一位名叫珍尼特·马内特（Jeanette Manent）的年轻母亲刚来我这儿担任秘书的时候，我告诉她，我希望她无论何时何地都能去参加孩子在学校里的各项活动。我还补充说，即便她刚刚在我的办公室开始她的新工作，假设碰巧这一周就有活动，也不要害怕请假。几个月后，为了照料身患癌症将不久于人世的父亲，珍尼特要求请两个月假。我告诉她，她的职位一直会为她保留直到她返回公司，实际情况也是如此。多年来，我们发现，她对家庭的忠贞不渝和尽职尽责也反映在她对迪士尼公司的忠心和奉献上。直到今天，她仍然是迪士尼公司备受赞誉的员工，最近她还被提拔到行政助理的位置。

请记住，能将工作和生活关系协调得很好的员工，最终会比那些除了工作没有任何兴趣爱好的工作狂更有工作效率。

**13. 尽可能让求职者证明一下他们的专业水平。**有一次，我对一位应聘糕点师工作的应聘者进行面试，这个人说她非常擅长做婚礼蛋糕。这听起来很吸引人，但求职者对其自身天赋的看法并不比他们的简历更靠谱。因此，我把她送到糕点房并让她做一个三层的婚礼蛋糕。结果，她的表现比她的描述还要好，观看她制作蛋糕酥皮，就如同观看米开朗琪罗雕刻大理石作品，最后她制作完成的蛋糕既精美绝伦又美味无比，我们当场录用了她。要不是我们亲眼看到并尝过她做的蛋糕，其他人就可能把她抢走了。另外有一次，是一位厨师应聘者，我给了他 4 个小时的时间去找齐配料，然后尽可能做出最好的汉堡和炸薯条。那美味多汁的肉饼、完美的烤面包、从中间剖开的番茄、大小薄厚恰到好处的红色洋葱片让我久久不能忘怀，更不要说那美味的当季蛋黄酱和第戎芥末了。不用说，他被录用了。而且，每次一有机会，我都会到他的餐厅用餐。

　　显而易见的是，你不可能让所有的专业人员都把他们的技能展示出来。这也正是本章提及的诸如实地拜访、创造性的面试方法、结构化的鉴定材料等策略派上用场的时候。但不管什么时候，只要有可能，请给求职者一个展示自己的机会。

　　**14. 选择最合适的员工，而不是从现有人选中选出最好的一个来任职。** 有专家称，美国的公司招聘员工速度过快，解聘员工速度太慢。大多数时候，领导者在招聘员工时表现出来的行为，就好像是他们在快速地填补职位空缺，而不是让最佳的求职人选去填补，然后培养他们承担更大的职责。因此，不要被一种错误的紧张感压垮了，不要老是觉得"为了立马能填补职位空缺，我只能从现有的人员当中选择一位了"或者"挑选过程占用了太多的时间，赶快把这事定下来算了"。为了自己的利益，为了求职者的利益，为了那些将要与之共事的员工的利益，也为了你的企业的利益，该花的时间一定要花到。

我无法准确地告诉你，我在早期的职业生涯中有多少次因为过于草率地录用员工而犯下错误。那时，我所主持的面试大多数都持续不到一个小时。对于求职者所说的一切我都表示相信，我也没有花费任何心思去与他们的证明人交谈，也没有想着去核实他们的简历是否百分之百准确。最后，我变得聪明起来了，我开始学着围绕员工招聘工作坚持做好自己该做的事情，直到为公司找到最佳员工。

需要注意的是，在招聘员工这件事情上花费时间并不总是受到同事们的欢迎。20 世纪 90 年代中期，我们需要聘用一位副总裁来管理市中心的迪士尼业务，当时顶着巨大的招聘压力，我们必须尽快找到人选去填补这一重要职位的空缺。但是，我并不想操之过急。6 个月的时间里，我们让 12 位候选人飞到奥兰多进行广泛深入的面试，逐一核实了他们的背景和推荐材料。他们当中的大部分人都拥有非常了不起的证明材料和非常合适的工作经历，但没有一个是十全十美的：使我犹豫不决的要么是某个人的盖洛普鉴定材料中所提到的领导风格，要么是某个人缺乏一些重要的技能。有的人组织性不强，有的人测量技能薄弱，还有一些人人际关系处理能力不足，等等。在招聘工作大概进行了 5 个月的时候，直接管理这个职位的公司副总裁失去了耐心，她希望基于现有的候选人，在这些人当中招一个最好的。但我依然坚持再找一找，我知道一定会有一个更好的领导者在等着我们。果然，有一天，卡尔·霍兹来了。卡尔拥有主题乐园商业领域强大的技术知识，外加出色的财务技能和杰出的工作背景，他此前一直担任某航空餐饮公司的首席执行官。作为我所招聘过的最好的人选之一，卡尔一路成长为迪士尼邮轮公司总裁和巴黎迪士尼乐园董事长兼首席执行官。

请记住，从长远来看，在员工招聘过程中多做些额外的工作，总比招错人要强。毕竟，你可以想一想收拾资历不足的领导者所造成的残局得浪费多少时间，更不用说把不合适的员工解聘后，你还得花很多时间重复进行招聘过程中的一系列工作。

如果你对是否聘用某人拿不定主意并且开始出现不耐烦的情绪时，该怎么办呢？尝试这样做吧：想象那个人是你的领导，看一看你是否乐意在他手下工作？如果答案是否定的，那就请继续寻找更合适的人选。我知道，对于我招聘到的每一个下属，当我都乐意给他们干活的时候，那么我就掌握了招聘员工的艺术。

**15. 寻找可以培养和提拔的人才。**我们讨论的有关招聘合适员工的过程中的每一条建议，同样适用于提拔员工。卓越的领导者对于谁能够被提拔到领导职位上总是有着自己的考虑，他们会使用一切可行的手段来指导自己的选择。

在华特·迪士尼乐园工作了几年后，我被很多常识性的说法深深触动过，比如我们不能只见树木而不见森林。在数以万计的一线员工当中，肯定会有很多具备成为经理潜力的员工，我们应该有针对性地把他们辨别出来，并为他们将来担任领导做好准备。于是，我们为所有的 5 000 名运营经理制订了一系列规定性的一小时培训课程。我们每一次把 1 000 人带到一个舞厅，并告诉大家，他们的一项工作职责就是在我们的员工队伍中挖掘出有潜力胜任经理职位的人。应该怎么做呢？首先，经理们要积极地同手下的每位员工进行一对一的交谈，找到员工们身上潜在的领导能力特征：聪慧过人、自我引导、积极主动、人脉广泛、精力充沛、态度积极等等。其次，我们告诉他们要找出那些竭力追求卓越的工作表现的人，那些渴望成长、学习和承担更多责任的人，那些坚持学习并不断完善自我的人，那些总是可靠、守时、对早晚加班从不抱怨的人。最后，我们还告诉他们要找到那些在一线员工当中承担重要角色的人，因为在一个团队中，成员们往往会自发地选择那些天生具备领导才能的人。

很快，公司每一位经理都变成了眼光敏锐的天才"球探"。正是他们所做的努力和工作，帮助我们充实了一批主要来自公司内部的有技能、有目标、有灵感的领导者。

许多员工直到经理和行政主管发现他们才开始意识到自身所具有的一些潜能。在一次与一线员工共同参加的圆桌会议上，一位名叫奥迪特·法默尔（Odette Farmer）的聪明而热情的年轻女士吸引了我的注意。作为一位没有获得大学学位的单身母亲，奥迪特首要的是找到一份稳定的工作来供养她的女儿。她从未把自己当作一名领导者来看待，可是我却很清楚地看出来了。会后，我发现埃里恩·华莱士对奥迪特的印象跟我对她的印象一样。不管奥迪特本人是否知道，在我们看来，她是非常与众不同的。因此，有了她所在部门管理层的帮助，我们确保她能够得到良好的培养、鼓励和训练。不久她就被提拔到管理职位，并且顺其自然地成了一名了不起的领导者。至今，我仍时不时地会遇见她，而她总是说，在我和埃里恩"发现"她之前，她简直不敢相信自己能够取得这么大的成就。

下面我将告诉你以前我在迪士尼公司时对经理们讲过的话，直到今天我在演讲中也这样对听众们讲："如果你回想一下你小时候玩过的捉迷藏的游戏，你肯定还记得，当你躲起来不久你就开始制造噪声或者四处走动。原因何在呢？因为你想要被别人发现。现在，隐藏在你的企业内部的未来经理们也是这样，作为领导者，你的工作职责就是把他们发掘出来。"

**16. 对员工表现进行经常性评估。** 在你不断寻找企业内部领导者的过程中，没有什么能比从员工那里获得的信息更为可靠的了。接下来是迪士尼公司从员工那收集反馈意见的过程——每年所有员工都要填写一次杰出员工调查表，要求他们把对工作环境、同事和直接领导的看法和感受准确地写下来。这份调查包括一百多项，每个项目按照"非常同意"到"非常不同意"或者"从不"到"总是"划分为 7 个等级。下面是有关企业文化的一些项目。

* 我对工作团队中的员工表示信任。
* 我接受过做好本职工作所需的各种培训。
* 我的工作团队重视不同的观点。
* 我的直接领导能够以真诚的态度对待我。
* 我的直接领导在实现团队目标的过程中，能够充分发挥我的才华和技能。
* 我的直接领导成功也好失败也罢，都能承担应有的责任。
* 我信任我的领导。
* 如果还有选择的机会，我将会再次与我的直接领导共事。

除了提供一些关于谁领导得好、谁还需额外培训之类的有价值信息，这些调查还附带着一个很关键的益处：这些调查能够告诉员工，你很关心他们的想法。有一年，我们决定不一一调查所有的在职员工，因为我们想着如果只把调查表发给部分在多个部门交叉任职的员工便可以节省时间。这真是大错特错！员工们明确地告诉我们，他们对我们剥夺了他们发表意见的机会感到不满。对此，我在公开场合进行了道歉，自那以后便杜绝了同样的错误。

**17. 识别员工能力与岗位需求不一致的情形。**理想状态下，在选择和提拔合适人员方面，你会变得越来越熟练，这样你就能够为每个职位都安排上一个合适的人选。但是，不得不面对的是，没有人能够做到十全十美，也没有任何机制和程序能够保证万无一失。有时，尽管你尽了很大的努力，最后你还是会发现员工和岗位并不匹配，就好比一颗方钉楔到一个圆孔里面了。

面对人员和岗位不符的情况，对于领导者来说，如何将员工安置好是一件非常困难的事情，但同时也是最重要的一件事情。就好比一个被安排在不适合位置的演员，导演就会用更合适的演员去替换他一样。如果员工明显无法完成本职工作，你就得学习导演的做法：用更合适的人员把他替换掉，不然的话，整个表演就会毁于一旦。毋庸讳言，最好的操作办法就是把这名员工调换到公司里面的一个他能够胜任的工作岗位。如果你能够正确处理这种问题，把员工调到一个更适合的岗位，无论是对员工还是对企业而言都是最好的选择。毕竟，如果有员工一直待在一个自身能力跟不上的岗位上，那就往往意味着他的才能没有得到充分的发挥。

在迪士尼公司，我们认为，如果员工足够优秀并率先得到了任用和提拔的话，他们还应该得到另外一个超越他人的机会。我们有一次提拔了一位非常能干的主管去担任新设立的副总裁职务。他在以前的公司负责运营业务，似乎具备了所需的经验。然而，我们没有意识到，新的工作岗位对专业技术知识的要求超出了他现有的水平。他尝试着去解决他能力上应付不了的问题，就这样度过了两年的痛苦的时光。最终，我和同事才认识到他早就知道了的问题：他根本不适合那项工作。于是，在他的配合下，我们把他调换到了一个与他以前做的工作差不多的运营管理岗位上，在那里，他能够用他的天赋去管理员工。他表现得非常开心，工作效率也高了，直到今天，他还在做着非常出色的工作。

员工与岗位不匹配的重要特征有：完成不了个人工作，经常性地误工，非常糟糕的下属评价，很低的客户满意度评分，来自同事们的怨言，经常性地迟到，可测量的经营业绩出现下滑，等等。如果你看到了这些迹象，请立即进行处理，不要等到员工自己承认问题并请求调换工作的地步。那些被提拔到与自身不相符的岗位上的领导者，很快就会发现那些并不是他擅长的工作，但是他们不一定会把这个问题说出来。至于事情的原因，首先，可能是他们羞于承认这一点；再者，可能是他们非常中意新职位的薪资待遇、声望名气和额外津贴。

通过培训和辅导，这些人的工作业绩肯定会有提高的时候。但是，我现在要讨论的并不是这个问题，我现在要说的是，无论多么努力，也无论得到了多少扶持，有些员工到最后还是不能适应被分派的工作岗位。这就到了领导者需要采取一些有效行动的时候了：对于那些需要更多时间和帮助的员工给予大力支持，对于确实不适合当前工作岗位的员工，尽力把他们调到能够发挥他们价值的岗位上。如果你在公司里创造出了一种可以坦率地讨论问题的包容性环境的话，你应该在事情变糟糕之前去扭转不利局面，否则，你将会别无选择，只能终止跟员工的合同了。在任何员工能够受到尊重和重视的大型企业中，为那些有才能的但又不适应当前工作的员工，找到一个更合适的职位，其实是很简单的一件事。

**18. 快速而又友好地辞退员工。**当然，有时你会找不到合适的地方，来安置那些在当前岗位上起不了什么作用的员工，这是很正常的。尽管让他走人是一件极其为难的事情，但是从长远看，对所有人来说，这种做法无疑是最佳选择。

直到今天，我还记得自己因为某一位经理业绩不佳而不得不辞退他时的糟糕感觉，那是我第一次辞退员工。那是我在芝加哥万豪酒店供职期间，当时我非常积极地想把他招过来，我甚至主动说服他离开原来的公司来为我工作。但后来他的工作表现令我大跌眼镜，他的部门组织混乱，劳动成本过高，各种开支毫无节制，对表现不好的员工也处理不当。结果就是，许多宴会没能准时开始，这在客户当中引起了极大的不满。我是一直拖着没有把他辞掉，直到有一天，我的老板对我说，如果我再不采取必要的行动，我自己将被解雇。当我最终咬紧牙关与他会面的时候，我说东道西、胡拉乱扯了好一阵，最后才告诉他，我不得不把他辞退。我当时说，对于其他人做的这个决定，我也表示很气愤，现在想想，说出这些话真的很惭愧。

　　总而言之，这是一个很典型的有关辞退员工时该怎么办的例子。多年后，我在一次研讨会上听到了这样一句话："领导者的工作就是在必要的时候，以必要的方式，去做必须要做的事。不论你是否愿意，也不论员工是否愿意。"我发现这条箴言异常发人深思。每当我不得不做一些我不愿意做的事情时，我都会想起这句话。早期所犯的错误让我认识到，一旦辞退某人的决定形成了，坚强的领导者将会果断行动。不必要的拖延并不会减轻当事人一丁点儿的痛苦，当然对于缓解你的压力也不会有任何好处。实际上，这只会破坏整个工作环境。如果有人的工作表现不尽如人意，那么你对这个人的处理方式关系到这个团队里的所有成员和整个公司，所以尽可能迅速高效地把人员进行调整。

　　如我在前一章中所谈到的，对于领导者来说，和蔼地、富有同情心地去处理辞退员工的问题是非常重要的。当你把这个消息告诉给一个表现很好但不适合在当前岗位继续工作的员工时，请与他当面进行交谈，而且要开门见山，坐好后就直接宣布决定。但是，你作为领导者的责任并未到此结束。除非你不想尽到领导者的义务，否则的话你应当花费足够的时间和精力向对方解释清楚，为什么做出这个决定。请记住，正派的人应当得到一个体面的解释，如果可能的话，这对他来说是一个从痛苦经历中吸取教训的好机会。

　　**19. 不要与离开你公司的那些人失去联系。**正如我们所看到的，有时你不得不解雇那些没有合适技能或者所具备的技能与岗位不相符的员工。但相反的情况也可能会发生：有时你失去员工的原因是他们技能太强了。由于自身能力远远超出了职位的要求，他们会因为不能充分发挥自己的才能而变得越来越沮丧。遗憾的是，在我的职业生涯中，因为这个原因，我好几次错失了这样的人才。很遗憾地说，这种事情总是无法避免。有这样一位非常出色的行政主管离职了，原因是没有被赋予经营迪士尼公司业务的职责和权力。他理应得到这样一个机会，不过那个时候我们实在没有办法给他这个机会，因此他另投他处了。这是一个巨大的损失，同时也给我上了宝贵的一课：应竭尽所能地去重组企业组织架构，从而使得人能尽其所用。诚然，调整组织架构并非一朝一夕之事，因此，我会让那些对当前工作怀有不满的员工知道，他们的郁闷之情我们能够理解，我们也承诺会找到解决问题的办法。我尽力劝说他们耐下性子，直到我们能够给予他们应有的机会。我还提议，在过渡期间，适当增加他们的薪酬和职责，以便事情能够得到好转。

　　尽管如此，当有些人的能力超出职位需要时，你往往还是无法留住他们。有时是因为他们失去了等待的耐心，有时则是因为他们已经在别的地方谋得了满意的职位。这让我想起了在迪士尼公司学到的另一课：与那些优秀但却已经离开了你公司的员工保持联系。我们对我刚才提到的那位行政主管就是这样做的。由于他还在这个领域工作，我们公司有的行政主管时不时会与他一起吃个饭或者喝一杯，聊一聊生活和工作。两年后，我们把他重新聘用到了他希望得到的那个职位。至今，他仍然在迪士尼世界®愉快地工作着，我敢肯定，不久的将来他会被提拔到更高的职位上。

　　现今，我们有无数种与别人保持联系并维持人际往来的方法，说不定某一天，你就有机会让他们回到你的公司。你可以通过电子

邮件、语音信箱、手机和信件等各种方式与他们保持联系，你真的
没有任何借口不关注那些你很想与之再次共事的极富潜力的人才。

本章小结：不论你经营的公司是什么样的，你的员工都是你公
司的品牌。如果你手底下没有好员工，那么再多的营销、广告和公
关都无济于事。这就是作为一名领导者，你要学会如何招聘、提拔
和培养最优秀员工的重要原因。相信我，这些工作将会在员工满意
度和业绩指标方面给你带来丰厚的回报。

# 行动步骤

* 确保应聘公司职位的候选人具备完成本职工作所需的技术、管理和领导能力。

* 在你开始招聘新员工或者在公司内部提拔员工之前，想一想一个完美人选到底应该是什么样的。

* 根据才能而非简历选人。

* 对于各项工作要选择最佳员工，而不是在现有人选当中挑最好的。

* 对于准员工能否融入现有的工作团队这个问题要仔细考虑。

* 让工作团队中的各级成员参与到对应聘者的面试和选拔的过程中。

* 适时采用结构化的面试方法。

* 向求职者问一些需要深入思考而不是用"是"或"否"就能回答的问题。

* 对于那些曾经与求职者共事或者在求职者手下工作过的人，要多多与他们进行深入而广泛的交谈。

* 观察一下职位候选人当前正在做的工作或者当前正在经营的业务。

* 要考查求职者的知识，如果可能的话，让他们展示出他们的专长。

* 勇于做出辞退或者重新安置不适合当前工作但是富有才干的员工的艰难决定。

# 第六章

## 策略四：培养自己的员工，这才是核心竞争力

2004 年，飓风"查利"袭击奥兰多之后，我收到了一封来自一家保险公司某位高级行政主管的信。这家公司是华特·迪士尼世界®度假区投保的一家保险公司。非常巧地，当风暴来临的时候，他正好在迪士尼游艇俱乐部和海滩俱乐部度假区。他在信中说道，迪士尼员工奋力采取防范措施保护公司财产的行为给他留下了深刻印象。这个保险主管说他原本以为他会看到迪士尼防范计划存在的疏漏之处——没人会去保护他阳台上的桌椅——但当他吃完饭返回房间的时候，他看到那些桌椅已经在他房间里了，旁边还留有一张便笺，说这些桌椅在飓风过后还将被搬回到阳台。并且更令他吃惊的是，酒店总经理萨姆·潘苏拉（Sam Pensula）还亲自参与搬运重物。他亲眼看到这位总经理与其他员工一起，将沙袋搬运到酒店的各个门前以防止大水流入酒店。他写道，在他多年的保险业工作经历中，他从未见过有哪个公司为抵御自然灾害做过如此细致的准备。

当一个组织能够在危机中表现出色时，是因为它的成员被彻底训练过。每一位迪士尼世界®的员工都多次预演过突发事件的应急准备计划，所有人都能完美地完成自己的工作。那种严谨的准备，不仅挽救了生命和财产，还给了公司经济上的回报。暴雨过后的第二天上午我们就正常营业了，而且我们的充分准备让保险公司无可挑剔，对我们的损失全额赔付。

作为一名领导者，一旦你已经有了适合岗位要求的员工，你就应该为他们提供能让他们变得优秀所需要的一切。我的儿子丹尼尔曾对我说："爸爸，你不能解雇你的孩子，你要培养他们。"对啊，假如领导者把这种智慧运用到员工身上，员工辞职或被解雇的事情将大大减少。好的领导者就像好的家长一样，让自己的员工为承担未来的职责做好准备，他们会提供给员工适当的教育机会并让员工获得重要的发展经验。

假如你认为培训及发展员工只是人力资源部门或其他一些部门的分内工作，或者你太忙了以至于无暇关注员工的教育培训，你或许应该重新思考一下当一名领导者的意义是什么。思考一下我很喜欢讲给经理们听的这个故事。一位父亲问他女儿："你长大以后想做什么？"女儿回答："当一名教师。"爸爸说："但是，亲爱的，你不想像我一样当一名医生吗？医生这个职业非常重要，如果没有医生，很多人就会生病，会痛苦。""但是，爸爸，"小女孩说，"医生也是老师教出来的啊！"

我向你保证，你领导的员工实现其目标和雄心壮志给你带来的满足感，是你的个人成功和报酬薪金无法媲美的。迪士尼公司的领导者对此深感认同。全公司都渗透着培训和发展员工的理念，这正是迪士尼品牌等同于卓越服务的本质原因。所有新来的员工都是从学习公司传统开始的，这门课让他们了解公司的历史以及公司卓越的客户服务质量的传承。当员工们开始感受到迪士尼奇迹的魔力并意识到，他们已经是公司独特文化的一部分后，他们将开始学习如何完成自己的工作，如善待客户、保持微笑和保持环境清洁的重要性等基础课程。之后他们还要接受在岗培训。六天后，一旦他们娴熟地掌握了岗位基本技能后，员工们就要学习与他们各自职责相关的技术方面的知识。然后，他们还要学习运用本章的基本原则，努力使自己的服务超出客户预期。

时常有人问我，迪士尼公司所说的超出客户预期意味着什么。我回答说，它指的是员工为客户提供的一系列出其不意的、细致的、贴心的、个性化的服务行为。例如，正当我创作本章的过程中，我参加了一个在佐治亚州萨瓦那举办的旅游保险会议。人力资源总监跟我讲述了她如何从最近前往华特·迪士尼世界®的经历中，了解到超出客户预期的真谛。当她去酒店前台结账准备离开时，前台服务员问她想不想留着她房间的钥匙卡并作为纪念品带给孩子。她说她很想，但是她有一对双胞胎，不能只给一个孩子带礼物。于是，服务员为两个孩子每人都制作了一张印有他们各自名字的钥匙卡，这就是超出客户预期的体现。

迪士尼公司的培训项目由专家级别的职业人士设计和执行，而他们也时常从经过专门培训的员工那儿得到促进和提高。管理培训的时间相对较长，内容也更广泛，最后还要进行书面和实践两方面的评估。例如，在食品饮料部，每一个人，无论是洗碗工、厨师，还是经理，在独立上岗之前都要接受严格的工作程序培训以及全面考核。无论你在哪家迪士尼餐厅就餐，你都会发现，每一位服务员都能游刃有余地回答就餐者提出的一般性问题，因为他们都清楚地知道菜单上每一道菜用的什么原材料。假如你的孩子对某种食物过敏，服务员会把厨师请到你的餐桌旁，就如何准备出一顿安全的饭菜咨询你的意见。正是由于迪士尼的服务人员接受过这种特殊培训，很多对某些食物过敏的孩子的父母在度假时只带孩子到迪士尼度假区。如果你是一位品酒爱好者，那位服务员同样能够回答你关于酒品单上的每一个问题，在华特·迪士尼公司工作的注册品酒师大约占全美 2 500 名注册品酒师的 1/4，这里卖出的酒比世界上任何单个地点卖出的都要多。

除了对员工进行正式培训外，迪士尼公司无时无刻不在强调非正式学习。公司给了领导者广泛的资源来帮助员工不断学习和成长。就像好莱坞的公司知道任何一个地方都可能出现下一个超级明星，迪士尼认为任何一个地方都可能出现优秀的领导者，因此迪士尼的文化鼓励培育未来的领导者。在迪士尼，那些具有领导潜能的员工，可以接受成为一名经理所需要的全面扎实的基础训练，也接受积极的在岗工作指导，并使用公司学习中心配备的丰富教育资源。这些小型的、位置便利的资源图书馆配置了与咨询馆员资质相当的工作人员。任何希望抓住发展机遇的员工都可以去学习包括在线语音课程、技术培训等在内的教育内容。员工们还可以在公司内部网学习大量自学课程以提高自己的工作成效。有些如职业操守及各种法律法规等课程是必修的；其他的课程凭自己的意愿选择，但每个期望自己事业进步的员工都被鼓励去充分利用这些学习资源。很多时候，公司的经理们还经常直接与教学开发部门一起，为那些潜在的未来领导者设计个人学习计划。

迪士尼公司的培训还充分运用了各种先进技术。例如，利用计算机模拟技术教驾驶员一边驾车穿行于动物王国的各个娱乐设施，一边背诵文字介绍及回答游客问题。当客房服务员在学习如何利用一种减少背部伤害的设施来帮助他们铺床时，他们用了 iPod，可以在自己动手操作的时候，眼睛同时看屏幕上的操作程序，耳朵边听耳机中的说明。

我知道培养员工必有回报，因为有人把自己事业的发展归功于花时间帮助他成长的领导者。如果你确信员工们知道如何做好自己的工作，并且表明你非常关心他们的未来，你的做法不但能提高员工的工作业绩，而且还会激发他们的自信心并让他们产生强烈的责任感。因此，请为你的员工提供让他们变优秀所需的一切资源，为他们开发有效的、全面的和持续的培训项目和学习机会。下面是一些帮你做到这些的小建议，先从最最重要的原则开始。

1. **给员工一个宗旨，而不只是给他们一份工作。**当奥兰多还是一个不知名的城市时，华特·迪士尼为加利福尼亚州阿纳海姆迪士尼主题乐园的领导层做过如下阐述："在这里的迪士尼乐园，我们第一次与来自世界各地的公众面对面地打交道。你们的每个行为（当然也包括我的）都是我们整个公司形象的直接反映。"这一宗旨的精神已经深深印在这个已经成为世界上度假区行业规模最大的公司的每一位员工的头脑中。

在大部分工作场所，人们都清楚他们的岗位职责是什么并为此做了充分的准备。大部分经理也满足于此。但是，这样的表现对于优秀的领导者和卓越的公司而言还远远不够。他们的员工应该是发自内心地要来工作，而不仅仅是早晨露个脸以及做一些领导要求做的工作。他们应该为在此工作而感到自豪，并且不断地超越自己，变得更优秀。为什么呢？因为领导者不仅给员工安排任务，还用更高的目标感来激励员工。

　　我是在马萨诸塞州斯普林菲尔德管理万豪酒店时，意识到了对员工进行公司宗旨教育的重要性。那时，我们的生意运作得很好，但马路对面突然新建了一家更豪华的酒店。我们被迫应对着这次竞争性的挑战，来不及对酒店进行费时费力的全面整修。于是，我决定重点提高服务质量。我的哲学——一条适用于任何行业的哲学——即使客户支付的价格不同，他们也应享受能够被给予的最好的服务。如果你为客户提供了高质量的服务，他们很可能满意而归，然后一次又一次地成为回头客。实际上，研究表明，某些行业失去客户的主要原因，并不是因为产品和服务不行，而是因为他们对待客户的方式有问题。

　　我制定了一条简洁明了、让人过目不忘的服务宗旨来激励我的工作团队提高服务水平："以极致的服务之心善待客户。"

　　每一位员工，从客房服务员到经理，都将这句话记在了心里。当某天早上一位客户走进我办公室的时候，我就知道了这条宗旨正在发挥作用。那天早上，那位客户说他被我们的服务感动到了，准备让整个会议团组入住我们酒店。事情的起因如下：他是前一天晚上很晚的时候办理的入住手续，他问前台服务员能否在他睡觉前给他上一根香蕉，因为后厨已经下班了，服务员只好说很抱歉。这位客户失望地去酒吧喝酒了。后来前台服务员看到了墙上张贴着的酒店宗旨，于是她直奔后厨，找到了两根香蕉，放在了客户的房间并留了字条。

在迪士尼公司的时候，我每周都会从客户那里听到一堆类似的故事，因为员工为他们提供了很多额外的服务，他们想表达自己的感谢以及惊喜。有趣的是，客户们在吃饭、住宿、交通和娱乐上花费成千上万美元，但让他们记忆最深的并在来信中提到的，却是一些诸如大巴司机把他们逗得开怀大笑、客房服务员在房间为他们的孩子留下小惊喜之类的小事情。

迪士尼的领导者被训练成要确保每一位员工都充分理解自己的工作与大家共同遵守的公司宗旨之间是有差异的。我把这条宗旨的精华浓缩成一句话："保证每一位客户都在迪士尼度过他一生中最精彩的时光。"

这句话清晰地告诉员工，他们工作的最终结果应该是怎样的。员工各自做着差异很大的工作，但是每个人，从保管员到副总裁，都被公司宗旨所引导——它体现在直接与客户打交道的"台上"员工的行为中，也体现在"幕后"负责运营的员工的工作态度中，更体现在经理与行政主管每天的决策中。

迪士尼公司还用三段长的说明，对公司宗旨简明扼要的表达进行了有力补充：

关于梦想的说明：我们想追求什么。华特·迪士尼公司将始终致力于使你梦想成真。在这个奇幻的世界里，幻想是真实的，现实是充满奇思妙想的。所有来到这里的人都如同受欢迎的客户一样得到问候，所有来到这里的人都会成为挚友，这里有大家庭般美妙的感觉。对于每一个在华特·迪士尼世界®工作和游玩的人，这里都是快乐与灵感的源泉。

关于本质的说明：我们想要客户感受到什么。华特·迪士尼世界®是一条通往奇幻与冒险的神奇之路。我们可以在这里向星星许愿，可以在这里体验不可能的事情，可以在这里让梦想变成现实。值得珍惜的朋友们在这里一起发现一个闪耀的、快乐的和升级人生美好时光的奇境。

关于使命的说明：我们必须做什么。我们的使命是弘扬我们的传统，并且通过以下方式，不断地重塑华特·迪士尼世界®。

* 使客户梦想成真，为客户创造奇幻记忆，并与每一位客户发展终身友谊。

* 作为梦想的缔造者，彼此之间相互看重、尊重和信任；作为公司员工，以我们的个性、才华和贡献为荣。

* 营造欢乐充实的环境，充满着创造、协作、开放、多样、勇气、和谐和责任。

* 富有创新精神，接纳新思想。

* 消除官僚作风以及一切阻碍简便、快捷、高效经营的拦路虎。

* 实现经营效益不断增长，让我们能够不断成长并实现理想。

我肯定，几乎没有员工能记住全部的这些文字。毫无疑问地，他们当中许多人甚至不能逐字背出那句只有一行字的公司宗旨。但是，多亏了那些言行一致的领导者的不断强化巩固，公司宗旨中每个字的意义都已经内化到员工的行为中去了。例如，当一对夫妇告诉餐厅服务员，他们把孩子的橡皮奶嘴弄丢了而酒店里的商店已经关门了的时候，这位服务员直接找经理拿了商店钥匙，并把一个新的橡皮奶嘴送到了他们房间。当一位商品部员工无意中听到有位客户告诉他妻子他手机充电器忘在家里的时候，这位员工在本该休假的次日去沃尔玛超市为客户购买了一个手机充电器。当某天下雨，梦幻王国的一位员工突然发现有个小姑娘把裤子弄湿了，而那一家人来不及返回客房给她换衣服的时候，这位员工把他们带到一家商店为他们担保免费更换了一套衣服，并找了地方给小姑娘换上。迪士尼公司没有要求他们当中的任何一个人必须做这些事情，他们这样做完全是因为公司的宗旨已经内化成了他们的一部分，驱动着他们自愿做出那些事情。

我在迪士尼公司工作期间听到过许许多多真实的故事，上述故事只是其中的很小一部分。我向你保证，这些故事都是意料之中的事情。无论你生产什么产品、提供什么服务，你的行业领域中可以有也应该有这样的人和事。以我上一章中提到的梅赛德斯家庭建筑公司为例，这家公司的领导者在参加了迪士尼学院®的培训后，对员工不再只局限于进行岗位技能培训，还开始进行公司宗旨教育。公司不仅获得了丰厚的利润，也有了以下这个暖心的故事。一位一线服务经理在开展社区服务时遇到了一位带着五个孩子的女士，她家的房子不幸失火烧毁了。这位经理感到应该做些什么帮助这一家人走出困境，因为她家的房子是梅赛德斯家庭建筑公司承建的。他找到公司的行政主管汇报了情况。之后公司与电视节目《改头换面：家庭版》（Extreme Makeover: Home Edition）的制片人签订了一份协议，由节目制片方出资，梅赛德斯家庭建筑公司为那一家人盖了一幢 2 300 平方米的新房子。

所以，请深入思考一下，问问你自己公司的宗旨到底是什么。当你能用简洁明了、鼓舞人心的语句将它表达出来时，请在公司反复宣传，并用你自己的行为践行它。确保这个宗旨深深地内化在每个员工脑子里和心里，而不仅仅满足于单纯地将公司宗旨印制在小册子和年度报告中或是张贴在接待区的墙上。当员工们深刻理解了他们每天的奋斗目标后，他们的每个决策和行为都会体现公司宗旨，与其融为一体。

2. 认真教你的员工。如果你希望身边聚集的都是优秀的员工，像教师、教练和咨询顾问那样去教他们远比只当他们的老板更有效。努力成为一个名声在外的老师，员工们就会排着长队来为你工作。假如你能帮助其他领导者也成为优秀的老师，你的价值会更大。

切记，谁教和教什么一样重要。例如，很多员工不用指导手册就能进行研讨教学，但是，只有那些在研讨专题方面有专业特长和丰富经验的员工才能讲出更多更深的东西。当我在迪士尼世界®每个月讲授时间管理课程时，员工们对其信任度很高，因为他们都知道，我自己也实践着我教给他们的方法。这门课程受到了从一线工作人员到高级行政主管的每位员工的广泛欢迎。因为这门课的成功，迪士尼公司很快启动了一项名为"行政主管即教练"的培训项目，让领导者们在他们擅长的领域开设课程。例如，两位财务副总裁，吉姆·刘易斯（Jim Lewis）和斯蒂芬妮·杰尼克（Stephanie Janik）共同开设了一门 6 小时的金融课程，这门课每次都爆满。我也选修了这门课，并从中学到了大量知识。在迪士尼公司工作长达 35 年的格雷戈·埃默尔（Greg Emmer）讲授的"公司文化与传承"也非常受欢迎。而餐饮专家迪特尔·汉尼格讲授"营养与锻炼"，大家都知道他自己每周六要跑上 32 公里，并被大家公认为迪士尼公司身体最棒的行政主管。因为这些行政主管讲授着自己认为非常重要的课程，他们都特别认真地对待自己教师的角色。结果呢，员工们学到了大量有价值的东西，并心存感激。

**3. 当一名教练（COACH）**。我发现教练一词，可以看成是关心（Care）、观察（Observe）、行动（Act）、沟通（Communicate）、帮助（Help）这 5 个词的首字母缩写——这 5 个方面对于培训和发展员工具有重要指导价值。

关心——关注每个员工的发展，以此表明你关心他们。每天都与员工谈谈有关优秀的话题，让他们知道你以他们的发展为己任，并热切期望他们成长。

观察——仔细观察公司的工作场所，你就能清楚地看到哪些地方需要改进。请务必每天抽出一点时间，重点关注员工的行为及工作实践，并找出每一位员工需要什么才能高效地完成其任务。

行动——当你需要提高绩效或改善行为时，时机很重要，而现在就是最好的时机。一旦你注意到一些事情需要被纠正时，请立刻行动，就像卓越领导艺术所提倡的那样。

沟通——最好的教师都是能找到正确方法引起别人注意的出色沟通者。（本章后面还将就沟通进行更多讲解。）

帮助——利用你的领导职位帮助别人变得更优秀。向员工展示如何正确地完成任务；清楚地告诉员工你对业绩、态度和行为的期望；不断强化规则、制度和运营管理方针。

显然，你不可能将自己的所有时间都用于指导员工。因此，把别人培训成教师也很重要。举个例子，当迪士尼世界®商场开业时，我们增设了一个名叫"员工服务经理"的岗位，其职责是确保一线员工可以得到他们所需的支持与培训。这一措施卓有成效，现在，华特·迪士尼公司其他经营领域也都增设了这一岗位。

**4. 以身作则。** 要求员工表现出色的领导者自己就应该是出色的榜样，否则他们就没有可信度。我很早就发现，员工亲眼看见我捡起糖纸放进垃圾箱时所起的作用，比我所做的任何关于保持整洁的工作环境的演讲的作用要大得多。我也从来不要求员工去做我自己都不愿意做的事情。我宁可给员工倒咖啡，也不要求他们为我倒咖啡，而且当餐厅缺人手的时候，我会挽起袖子到厨房帮忙。员工们说他们看到我身体力行比我说再多的话都有价值。如果你问我会怎么说，我会说"行胜于言"。员工通过观察你的行为所学到的远多于通过你的讲述所学到的，所以，请时刻为你的员工树立榜样来引导他们。我最近读了两句关于养育儿女的格言，它们同样适用于公司领导者。一句是："你不应该担心孩子不听你说什么，而应该担心他们总在观察你做什么。"另一句是："你教给你孩子什么，他们就会教给他们的孩子什么。"

1988 年，我担任斯普林菲尔德万豪酒店的总经理大约一个星期后，我走进那间即将要承办一场有 300 名客人参加午宴的舞厅，发现一张桌布上有一个香烟烫出的小洞（那个时期，客户都在餐厅里吸烟）。我叫来宴会领班并让她换掉这张桌布。她无法相信我居然叫她换桌布，她想用盐瓶挡住那个洞。我向她解释道，那些看起来微小的细节可以成就也可以毁掉一个公司或一个人的整体形象，因此我们必须注意每个细节。

10年后，那时我已经在华特·迪士尼世界®工作了，我某一天突然收到了那位已经在另一家公司任重要的行政主管职务的宴会领班的来信。她在信中写道，我让她去换桌布那件事是她人生的一个转折点。她那时认为我即使没疯，也是不可理喻的。但是后来的两年里，她又看我做了许多那样"疯狂"的事情后，某一天她突然意识到我是在亲身践行领导艺术的一个重要方面：通过我所做的每一件事情为员工树立追求诚实和完美工作的榜样。她写信给我就是想感谢我帮助她学会了如何做一名领导者。

**5. 教员工优质服务的原则。** 无论你做什么生意或在哪个行业，优质的服务对于你公司的成功都相当重要。在华特·迪士尼世界®，一线员工必须遵循"七项客户服务指导方针"，这些方针确立了对待所有客户都要友好、谦逊、周到的标准。为了使这些指导方针更容易被记住，每项原则都分别与"七个小矮人"中的一个一一对应。

与公司宗旨一样，这些服务指导方针不仅仅被贴在了墙上，还是每一位员工都要接受的培训的主要内容。以下就是这七项指导方针。

* 与客户用眼神交流并始终保持微笑。员工们要学会每次与客户接触都得从头至尾地用直接目光和真诚微笑交流互动。

* 问候并欢迎每一位客户。员工们要学会向他们接待的每一位

客户致以合适的问候，并且在不同场所要有特定的问候方式。

　　* 与客户保持联系。员工们必须了解从急救及安全流程到商店及洗手间位置在内的所有必要信息，并在客户需要帮助时伸出援助之手。

　　* 恢复服务要迅速。员工们要接受如何以最佳方式处理服务问题的相关培训，这些问题包括食物准备欠佳、客房未在客户登记入住前清理妥当等；此外，员工们还要学习当自己无法解决问题时如何快速找到合适的信息及相关人员。

　　* 时刻呈现出恰当的肢体语言。为了给客户们留下最佳印象，员工们要学习如何展示合适的身体姿势、面部表情及其他职业外表方面的知识。

　　* 保持"充满奇迹的"客户体验。对员工的所有培训都是为了教会员工如何创造迪士尼奇迹。自华特·迪士尼构想出迪士尼主题乐园起，迪士尼公司的核心价值观就一直是让客户体验美妙陶醉的感觉。

　　* 感谢每一位客户。员工们要学会感谢每一位客户，并且每次与客户互动时都要以一句"谢谢您"和微笑作为结尾。

　　不一定非要娱乐业或酒店服务业才能为客户提供奇妙的体验。你也可以用类似上面的指导方针培训你的员工，然后你的员工哼哧哼哧就去干活了，为你的客户提供优质服务。当然，你不需要用完全一样的七个指导方针，你可以设立一套与你所在的环境相适应的准则，这些准则指导下的员工的行为表现要到能使你的客户满意而

# 客户服务的七条准则

要快乐……就要懂得与客户眼神交流和微笑!

像喷嚏精一样……向每一位客人问好并欢迎他们，传播热情好客的服务精神，这是极有感染力的!

不要害羞……大胆寻找客户并建立联系!

像医生一样……随时为你的客户提供康复服务!

不要脾气太暴躁……始终如一，恰当地向客户展示自己的肢体语言!

像瞌睡虫一样……创造梦想，时刻给客户最神奇的体验!

不要迟钝……感恩每一位客户的光临!

归的程度。世界各地的许多领导者都已经根据他们各自的需求，成功地将这些指导方针适当调整应用到他们各自的组织中。比如，一个连锁超市的老板在迪士尼学院®学习了台前／幕后的概念之后，制定了一项规定，规定身着制服的员工休息的时候只能在"幕后"，如此，顾客就不会看到他们吸烟、吃零食、打电话的情形了。

很多公司不但教员工将迪士尼的客户服务原则运用到实际中，而且还把标准纳入他们公司内部的培训项目中。例如，金田公司，一家位于南非的跨国采矿公司，为了对矿工培训工作进行升级并提高培训的现代化水平，在2006年开办了卓越采矿学校。在迪士尼学院®咨询师的帮助下，该校开发了涵盖从基本技术技能到高级领导艺术的各个领域的世界级培训项目。相比于迪士尼的培训，其最主要的变化是，采用了客户服务思维模式。"我们认识到，来学习的学员就是客户。"金田公司的一位行政主管说，"我们提供学习设施，就是在向他们表明他们很重要，并且值得拥有精良的学习设施以及干净整洁的学习场所。"金田公司开始强调要尊重并谦虚地对待"学员"，并做了一系列调整。例如，聘用训练有素的厨师长为学员们提供健康的可口饭菜；不让前来咨询的学员长时间等候在办公室外，而是立即接待；工作人员与迪士尼的员工表现一样，看到垃圾就立刻清理干净。

上述调整不仅为金田公司培养了一批心情舒畅、训练有素的员工，也为公司开辟了一条新的经营路径。一位行政主管说："我们在采矿学校所确立的服务标准，对公司的其他业务也产生了积极影响。我们看到，公司采矿运营的服务质量以及员工行为举止都有了明显提高。"

**6. 服务指导方针仅仅是个开始。**一旦你对员工按照基本服务标准进行了培训，他们就会超越自我不断成长。迪士尼公司不仅培养员工以达到客户的期望值，还培养员工提供超出客户预期的服务质量。这就是不错的服务如何能够发展成为优质服务，优质服务如何能够发展成为令人终生难忘的神奇体验的做法。培训员工做好梦幻时刻的工作以及"抓住 5 分钟机会"。华特·迪士尼世界®的梦幻时刻是指事先设计好的、让客户参与其中并增强快乐体验的时刻。例如，每天早晨，会有一个排队等候的家庭被选中，这个家庭中的一个孩子将宣布开园。某些娱乐设施中，员工们会挑选一个孩子先来一段表演。每次火车在动物王国出发时，都会有两个被任命为助理列车员的孩子招呼一声："大家上车啦！"盛装游行时，员工们让孩子们聚在一起，与米老鼠、唐老鸭及其他卡通形象一起跳舞。不仅参与其中的孩子们和父母们喜爱这些梦幻时刻，而且所有看他们的人也都喜爱这些梦幻时刻，他们回家以后还对这种体验津津乐道。

"抓住 5 分钟机会"并非经过设计，而是自然发生的。我们训练员工们抓住机会为客户做一些特别的事情：为客户免费更换掉落的冰激凌；搀扶上了年纪的游客去洗手间；请打扮成灰姑娘的小女孩为游客签名；给游客家庭讲述主题乐园的一些类似为什么在大街上有很多特殊的橱窗展览之类的趣事。有时候这些时刻特别暖心。有一次，一位女士请米老鼠为家中病重的男孩签名，米奇不只是签上自己的名字，还在孩子的签名本上给他写了一封长长的个人信件。

为什么称这些个性化的互动为"抓住 5 分钟机会"呢？因为这

些互动能在 5 分钟以内打动游客的心。这些做法就像我们经常在汽车保险杠贴纸上读到的随机而来的善举的现实生活版。在迪士尼，它们只是看起来随机，其实我们培养员工不仅要发现这种可抓住的"5 分钟机会"，而且他们有责任将这些机会变成现实。

大部分时候，员工们 5 秒钟之内就能打动客户，而非 5 分钟之内。从商业角度看，我无法想象还有什么更好的利用时间的方式。所有这样的分分秒秒每天重复几千次，累积成一种比用大笔公关预算买来的客户关系要好得多的客户关系。我曾经收到过一位母亲的来信，其中清晰地表明了这一点："我以前一直都在错误的地方寻找奇迹，你们的员工才是你们的奇迹。"

你可能会想："迪士尼公司的人很容易做到'抓住 5 分钟机会'及梦幻时刻，但这种做法在我的经营领域永远没有效果。"真的吗？认真想想你的公司内部、你的员工与外界之间所发生的各种各样的人际互动，其中难道就没有能够使人感到特别的机会吗？你同样可以通过培养、指导和鼓励员工去寻找及抓住这些机会，在自己的行业创造非凡的奇迹。

**7. 教会员工如何利用时间以及将时间花在哪里。**一名领导者需要确保员工在各种环境中——不管是忙还是闲，不管是平时还是危机时——都清楚自己的位置应该在哪儿，自己应该做些什么。比如，我担任酒店行政主管的时候，当舞厅开门营业时，我要保证每个员工都知道自己必须在各自的岗位上并且做好了迎接客户的准备；当餐厅开门营业时，我要保证餐厅经理都在餐厅里而非各自的办公室里，厨师在厨房里而非地下储藏室或酒窖里。在华特·迪士尼世界®，根据培训要求，关键时刻娱乐设施经理必须在场，并确保所有的安全措施和经营方针都被贯彻执行；而商品部经理的大部分时间都要在商店里；工作清闲时，员工们不能在后台闲逛或站在一起互相聊天，而应该利用这些时间清整工作区，或为客户提供更多的个性化关怀。

**8. 经常交流沟通。**请利用一切可行方法，传播新经验、共享有前景的理念及有效的实践方法、强化重要的原则、公布研究及调查数据，使每一个人都能跟上企业发展的步伐。华特·迪士尼世界®为了更好地交流沟通充分运用了各种信息工具，任何一家公司都可以学习这些做法。以下是一些具体例子：

公司周报——2000 年，我开始创办迪士尼公司的周报《主街日记》。我觉得这个报纸很重要，因此之后的 6 年里，我每期都会抽时间为它写稿。直到现在，这个报纸的印刷版或者电子版每周五下午 5 点都会发送到员工们手中。每期报纸都有以下专栏：

 * 李给领导者的重要信息：内容是运营主管就如何成为更好的领导者这一主题发表的有关文章。

 * 轮班前会议信息：内容是关于每天班前会议主题的有关建议。（随后对此详述）

 * 你知道吗：内容是员工需要了解的诸如招聘、制度、晋升之类的公司新闻。

 * 迪士尼员工待遇差别：内容是员工奖金和福利的更新情况。

 * 母亲般的忠告：内容是有关职业行为表现的善意提醒。

* 本周安全信息：内容是关于维护安全工作环境的提示。

* 本周安保信息：内容是关于如何预防危险的提示，并附有应急报警电话。

* 你的社区：内容是当地活动与服务机会等信息。

* 尊重差异：内容是关于创造包容的工作环境的课程。

* 重要提醒：内容是重要制度和其他事项的相关信息。

* 重要数据：内容是员工可能想报名参加的班组及活动等信息。

我认为那些感谢员工超出他们预期的鼓舞人心的客户来信是公司周报最有价值的专栏。员工们都很喜欢这部分时事通讯，每周都想看看客户表扬了谁。可能在我任职期间迪士尼世界®没有任何别的东西能比《主街日记》更提升员工士气与促进团队建设的了。

轮班前开会——无论你的公司是什么类型的，一个促使员工持续学习的最有效的方法，就是每天正式工作开始前把大家召集在一起，开一个简短的、事前设计好的小会，教大家一些新知识。仔细算算吧，每天学10分钟，一年有40多个小时的免费教育！想象一下，假如你派员工参加那么长时间的研讨班，教育成本该多高啊！

为了帮助迪士尼的每一位经理考虑轮班前的会议议程，我曾经给过他们以下指导方针，标题就是"我们为什么要举行轮班前会议？"

* 为了每天进行双向交流。

* 为了告诉员工哪些是重要的。

* 为了感谢员工的出色表现。

* 为了回答问题。

* 为了提供产品和服务知识。

* 为了看看员工正确履行职责需要什么。

* 为了激励员工。

我还鼓励公司领导者在轮班前会议上考查员工对技能与知识的掌握程度。举个例子，他们可能会说："乔治，给大家演示一下如何正确端酒和倒酒。""玛加特，梦幻王国今晚几点关门？几点放烟花？"或者说："德雷斯坦，假如有个客户想将乙方支票兑换成现金，你要做什么？"这些考查，是为了使整个团队时刻保持警觉，并确保员工们学到了他们应当掌握的知识。

布告牌（老式的那种）——在这个电子时代，布告牌可能听起来有些过时，但是，如果它们被放在合适的位置，并且展现不断更新的有趣内容的话，布告牌依然是一种非常好的交流工具。在迪士尼世界®，布告牌上展示着各种信息，从客户满意度到假日晚会的具体安排。员工们很容易就能看到布告牌上的信息，因为布告牌通常挂在像休息区或自助餐厅这样的显眼位置。每一块布告牌都由专人负责更新，如果内容能够吸引大家注意，他们会感到非常自豪。

一对一交流——每一位经理都要同他的所有直接下属例行一对一交流，这是迪士尼的制度规定。有的新任经理刚开始都回避这一要求，但是他们很快发现，这是一种能够沟通各种问题的宝贵交流方式——从员工培训需求到工作日程安排再到需要解决的工作流程问题。可能更重要的是，这种交流方式是领导者对每一位员工及其愿望诚恳地表现出兴趣的方式。

**9. 及时且有效地反馈。**员工培训中一种很有效的办法是及时反馈，也就是说，你首先得训练自己经常注意员工的表现，然后迅速做出反馈。还记得你孩提时期做了错事的时候吗？你妈妈会立刻让你知道错在哪里，而不会等到年终总结时，对吧？你爸爸在你表现确实很不错的时候——考试成绩出色、教弟弟妹妹完成家庭作业——不会等到特别场合再表扬你，对吧？当行为及时得到反馈的时候，即使是成年人也会学到很多东西。而且，大部分人都习惯于只在做错了事情的时候听到权威人物的反馈。因此，如果你对用于提出建设性批评的定期绩效评估持有建设性的反馈意见，你的沉默将被视为认可。只是要记住，请务必周到细致，注意说话技巧，永远不要当着别人的面去批评某个人。我同样建议，要让员工们都知道整个公司在哪些方面做得好，哪些方面做得不足。我在迪士尼公司工作的时候会定期告诉员工类似"当游客很多时，游客队伍周围的环境卫生的维护还做得不够好，我希望你们注意这个问题并改进。""星期六晚上，餐厅在及时安排客人落座方面还做得欠佳，希望你们努力改进。"这样的话。

如果你运用有效的指导方法，你对员工的回应将有力地直击他们心灵深处。比如，一种非常重要的教导方法就是讲故事。一个故事如果讲得好的话，能使人终生难忘或者激励人改变处事方式或者促使人行动起来。实际上，迪士尼公司出色的讲故事传统正是迪士尼学院®的培训项目如此有效的一个原因。

在我的演讲以及我与员工的一对一交谈中，我经常引用我自己生活中的经历——过去的、现在的、家庭中的和工作上的——来阐述重要观点。我发现，关于克服困境或从错误中吸取教训的故事格外有用。许多领导者害怕承认错误，因为他们认为这会破坏他们的公信力或者被员工认为他们很弱。但这其实是一种极好的教学工具。我觉得，对领导者而言，让员工知道他们是谁、他们的缺点、他们的一切是非常重要的。因此，我就我的事业生涯写了一份60多页的说明，其中包括我犯过的所有错误和从中学到的教训，然后我将这份说明文件分发到整个迪士尼公司。想到他们将从我的经历中学到很多经验教训，我一点也不为员工知道我过去曾被解雇过或曾因冷酷无情而名声在外感到难堪。

关于及时回应员工，我再给一个小建议：不仅要说故事，还要加以解释。从我与儿子丹尼尔的互动中，我学会了：作为家长，我不能仅仅命令他做什么或者不做什么，还应该教他每个行为会导致什么后果。他16岁那年，有一次晚上到家已经12点半了，比平时晚了一个小时。我告诉他我很担心他，而他的反应跟典型的青少年一样，他指责我让他11点半回家是因为我困了想早点儿睡觉。我解释道，我曾经读过一份研究报告，说午夜之后，大部分人刚从酒吧喝了酒出来，因此车祸比例上升了35%。丹尼尔仍然不喜欢我的这个规矩，但当他知道了背后的原因后，他就记住了这个规矩并尊重它。相反地，在我小的时候我爸爸就会说："我让你几点回家，你就得几点回家。"如果我问为什么，他会说："因为这是我说的。"这种不做任何解释的做法让我并没有从中学到什么。

类似地，在职场上，当你宣布一项制度或一个决策的时候，请提供相关事实和数据、讲述背后的思考过程。就像我跟我儿子的那件事一样，如果你解释了其中的原因，即便你的员工依旧不同意，他们至少会因此而尊重你的决策。

**10. 让员工对意料之外的事做好准备。** 让员工为处理不确定的事件做好准备的一种方法，就是预想可能会发生的每一种情况并预演最有效的应对办法。这是士兵、运动员以及其他需要经常在各种不确定情况下工作的人们常用的训练方式，商业领域也可以借鉴。所以，在培训员工完成普通任务时，也要训练他们处理意外事件的能力，要确保你让他们做好了应对每个突发的非正常情况的准备。你无法设想到每一种突发情况，但是你应该要预料到大部分潜在的挑战。

在华特·迪士尼世界®，员工们必须做好准备应对各种各样的情况——大到像飓风这样的剧变，小到像孩子乘车时突然生病以及客户丢失钱包之类的小麻烦。我们预想突发事件的一个方法，就是让每一位经理把他工作线上可能发生的各种意外情况都写出来。根据他们自己的经历，经理们通常会列出许多突发情况。然后，一个由经理和一线员工组成的团队，将就如何应对这些突发情况制定相应的指导方针。例如，"如果一个游客弄丢了主题乐园门票，迅速带他去客服中心查看购票记录，然后进行补票"或者"如果一位顾客因为喜欢的菜卖完了而伤心，向她致歉并提供一道备用的主菜"。

假如你和你的员工非常用心地做好了应对突发事件的准备，那么你们就能够预料到最困难的情况。一旦有了应对的指导方针，你们甚至可以利用角色扮演等方法，来训练员工们正确地应对突发状况。

比尔·马里奥特曾对我说过："李，教育和执行力是变得出色的唯一途径。"他的话始终让我记忆犹新。我想把他的话再更新一下："唯有教育、执行力和大量的认可、欣赏与鼓励，方能出色。"（第九章的主题）

切记，假如你不培训和开发你的员工，你就得送他们到能够提供这些条件的公司去。最近，我的一位年轻朋友凯西（Casey）辞职了，尽管他在公司非常受重视，并且比他的同龄人先得到了提拔。我问他为什么在 29 岁时放弃一个如此有前途的工作。他回答道："我确实接受了很好的培训，但是没有人开发过我，没有人花时间了解我、引导我、给我忠告，甚至没有人问问我，我的理想是什么。我知道自己有很多缺点，但是没有人同我对此进行探讨。我们平时所谈论的，没有一个是关于我以及我的个人发展的话题，都是关于如何完成好工作的。"他的回答可以称得上是对所有公司的一个警告。凯西刚刚被一家大公司挖走，并且即将担任更高级别的领导职务。

经理们经常问我，应该花多少时间培训和开发员工。我总是回答："很多。"没有这方面的公式和有力的数据能够计算出每周最佳的投入时间。但我可以说的是：假如你一定要问——你在员工培训和开发方面是否已经做得足够了，我的回答是，你可能做得还不够。你可以定期问问自己以下问题，看看你对你自己的回答是否满意。

* 你的员工的行为表现得像他们只是有一份工作，还是他们是

带着一种宗旨意识在工作？

　　* 每一位员工是否都可以清楚地说明公司的愿景及宗旨？

　　* 你的员工能够很容易地得到学习机会吗？

　　* 在你的领导下有多少员工得到了开发和提升？

　　* 你的公司为员工提供了多少培训班、课程以及研讨会？你个人亲自指导的培训活动有多少？

　　* 你的公司安排公司内外的专家与员工分享他们的经验知识有多频繁？

　　* 客户满意度和员工满意度如何？

　　* 客户满意度和员工满意度是稳定提高还是下降？

　　* 你的公司的累计业绩指标如何？


　　切记，优秀的老师总能培养出优秀的领导者。所以，请将你员工的成长摆在第一位，为他们提供所需要的工具、指导，并为他们输入目标意识。这才是成就迪士尼奇迹的全部要义。

# 行动步骤

* 确保每一位员工都深受公司文化的熏陶。

* 清晰明了地表述公司的价值观与使命，并确保每一位员工都理解其内涵。

* 将宗旨意识输入全公司上上下下的所有员工心中。

* 认真履行你作为教师、教练和咨询顾问的责任。

* 教会员工掌握岗位所需的技术知识，并教他们如何提供超出客户预期的服务。

* 培训员工做好类似"抓住5分钟机会"和梦幻时刻的事情。

* 清楚地说明每一位员工的工作都会影响客户的满意度。

* 创造多种方式定期与你的员工进行沟通。

* 快速有效地回应员工的行为。

* 确保每一位员工都知道你对他们的期望。

* 定期考核员工的知识与技能掌握情况。

* 切记，你无时无刻不在对员工进行着言传身教。

第七章

**策略五：锻炼员工，绝对不是让困难压跑员工**

　　我在马萨诸塞州斯普林菲尔德的万豪酒店刚担任总经理没几个星期，某天早晨，一位客户非常生气地来到我的办公室。原来前一天晚上，他和他妻子来到酒店餐厅庆祝他们的 25 周年结婚纪念日，他们点了两份龙虾和一瓶昂贵的夏敦埃酒，可是等了很久酒都没上来。等到酒上来他们终于可以祝酒的时候，他们的龙虾都吃完了。一个本该特别的日子就这样被愤怒和沮丧搅和了。我向他道歉并邀请他们回来，为他们重新准备了一次结婚纪念日庆祝活动。

　　那天晚上，在餐厅轮班前会议上，我让服务员们讲述了上酒的流程。他们告诉我，酒柜其实就设在餐厅里，但是只有餐厅经理一个人有酒柜的钥匙。因此，客户点了酒之后，服务员要先去收款台结账，将账单给经理看了之后，经理才会打开酒柜取出酒。

　　那天负责服务那对夫妇的服务员解释说，当时经理正在库房做事，而且没有告诉别人他去了哪里。他用了几乎半个小时才找到经理。因为只有经理有酒柜的钥匙，所以那对夫妇等到上甜点了才等到他们点的酒。

　　"好吧，"我说，"从现在起，我们用新的流程，每天晚上餐厅营业时，餐厅经理要打开酒柜。客户点了酒以后，服务员去收款台结账，把酒取出来，给客人上酒。餐厅停止营业的时候，餐厅经理负责核对酒柜中剩余的酒与酒的订单，然后锁上酒柜。同时，餐厅经理要不定时地检查服务员手上未结算的账单。不允许未结账就先给客户上酒，后果很严重。"

我们再也没有遇到过像这个结婚纪念日这样的麻烦事。我们甚至在改变流程后卖出了更多的酒，因为我们的服务很利索，客户们吃饭的时候有足够的时间点第二瓶酒。结局令人皆大欢喜：客户点的酒很快就能上来，服务员收到的小费多了，经理要处理的投诉和麻烦也少得多了。前面几章，我们已经讨论了如何建立有效的组织架构，如何把合适的员工安排在合适的岗位上，以及如何在充满包容和创新的文化氛围中培训和开发员工。但是，即使是训练有素的员工和优越的环境，离开了完善的工作流程，也无法创造奇迹。任何行业都有一套工作流程。不管这套流程被称为规则、程序、制度还是运营指导方针，工作流程规定了员工如何与同事、客户及外部人员打交道，也规定了如何利用实体环境和技术以最好和最有效的方式完成特定任务。有效的工作流程能使日常工作始终如一地顺畅运作，能使员工有时间做一些可以将不错的业务发展成极好的业务的额外工作。相反地，无效的工作流程只会造成混乱、困惑和麻烦，而麻烦会使顾客远离公司，让员工感到郁闷，并让不错的业务倒退到更低水平甚至失败。

仔细想想，我们每天能按时上班是因为有一套规范交通秩序，保障了车辆正点运行的流程机制；我们的孩子能从一个年级升到另一个年级是因为学校有一整套对学生实施教学、分级和选拔的流程机制；甚至清运垃圾也有个流程机制，这个流程机制规定了哪些垃圾应该被分拣到可回收垃圾箱、在特定时间可以或不可以清理哪些垃圾；等等。但是，我们往往很难想到这些流程机制，除非它们失效了。只要回想一下上一次因暴风雨造成航班延误时你在机场的束手无策，或者回想一下因劳务纠纷导致垃圾堆积如山或公共交通瘫痪，你就能明白工作机制有多重要了。

我在第四章讨论组织架构时涉及的经验方法适用于流程机制问题：你忽视了细节，就会处在危险中。如果你真的希望最大限度地挖掘员工潜能，最大限度地提升客户满意度，那么就不要让大家因无效的流程机制而卷入各种麻烦之中。所以，你作为领导者的另一个职责，就是找到流程机制中存在的问题，然后迅速解决。

有的领导者认为评估流程机制是一件很烦琐又技术性太强的事情，或者说对于他们这样具有创造精神的远见者而言，太世俗了。但是，没有一个富有创造精神的远见者像华特·迪士尼那样认识到流程机制的力量，并将流程机制变成迪士尼公司的核心特征。华特·迪士尼最初只是一个在车库中工作的年轻天才，他创造了一些流程机制，后来他的业务发展到拥有由画家、作家、作曲家和动画片制作技术人员组成的许多团队，他创造的流程机制使他的荧幕奇迹成为可能。后来，当他开创迪士尼乐园的时候，他为每一件事——从主题乐园乘坐项目计时到热狗供应——都设计了流程机制，这些流程机制都是为了使迪士尼乐园充满人性关怀，并以优质服务打动客户的心。而且华特总是不时地对工作机制进行再评估，根本不会给员工和客户开始抱怨各种麻烦的机会。他总是在寻找让工作做得更好的方法，就像一名卓越的领导者应该做的那样，因为"我们一直都是那样做的"可能意味着你行事的方式一直都是错误的。实际上，导致那起"结婚周年庆祝"事件的酒水管理流程机制已经运行了很长时间，以至于餐厅经理及他的几位前任早已习惯了那样的流程，而不是对此质疑和改进。

华特·迪士尼非常热爱他的主题乐园，其中一个原因是主题乐园可以永远存在，不像他所制作的影片那样有结束的时候，他可以不断地找到更好的工作方式。"我想要一些鲜活的东西，"他有一次说道，"一些能够成长的东西。而主题乐园就是这样一种东西。不仅仅是我可以在其中增添点什么，而且连树木都可以一直生长下去。一切会一年又一年地变得更美丽。"作为一名领导者，你要做的工作是：关心员工与客户，在合理的成本限度与安全范围内不断地调整流程机制。如此，员工们能高效完成每一项任务，也不会产生任何麻烦，公司也得以不断发展。以下有一些小建议能帮助你做到这一点：

**1. 询问问题发生的原因而不是追究员工责任。** 当那个客户向我投诉他的结婚周年庆祝晚餐未被服务周到的时候，我的第一反应本来可能是谴责服务员或惩罚餐厅经理。幸运的是，我已经学到了一个重要的领导力教训：出现问题的时候，应当先看看流程机制或者制度是否有问题，而不应该立刻责备员工。

先排除流程机制中的障碍是最有效的反应，这将对员工士气产生重大影响。假如员工故意忽视流程机制，那么可以按照规章制度处理，但是，如果流程机制本身不健全，那么责备员工将打击员工的工作积极性。所以，当投诉事件发生时，请回溯整个体系来找原因——不是看"谁"导致了不好的后果，而是看"什么"导致了这样的后果。很多时候，这些小麻烦最后都被证明是流程本身的问题所导致的。

**2. 倾听客户的意见。**其实客户的大部分投诉都反映了我们流程机制上的瑕疵。假如你能带着这种心态阅读客户的来信和电子邮件，你将从客户的投诉中了解到例如"哪些流程应该改进"等宝贵信息。

某个周六上午，我去好市多（Costco）为我妻子买了一个行李箱，因为她打算去欧洲旅游。但是我回到家后，普里西拉说箱子空间不够大，于是当我返回商场退货时，服务员没有问我任何问题就帮我退了，并按原价给了我退款。从我走进商场大门到返回汽车里，一共花了不到5分钟。而另一次，我想在另一家大型连锁商场（我就不说是哪一家了）退掉一个水龙头，水管设施部门的服务员连珠炮似的问了我一大堆问题：为什么不想要这个水龙头？这个水龙头工作不正常吗？它有什么问题？……当他觉得我有合适的理由退货时，他又说他必须征得经理同意才能给我退掉。时间过去了一个多小时，但是没有一个人有权同意我退货，我只得去找总经理，他最终同意我退掉水龙头。还用我告诉你吗？我自然打那以后再也没去过那家商场，却成了好市多的忠实顾客。

我想表达的是，现在的人们都很忙，所以加快处理过程是任何行业都应该一贯坚持的目标，特别是对于退货、广播找人、结账等烦琐又花时间的事情而言更是如此。我最近去了一家新开业的沃尔玛商场，然后发现沃尔玛能够取得成功不只是因为售卖的商品廉价。它的工作流程不但保证了货架上商品供应充足，而且结账系统，包括信用卡结算如闪电般快捷，还有整洁的环境和热情友善的员工。

在华特·迪士尼世界®度假区这样的主题乐园里，毫无疑问地，客户抱怨最多的问题还是排长队。这么些年来，迪士尼公司一直不断地努力缩短热门娱乐设施的排队时间，并尽可能地使客户排队过程愉快轻松。员工们都被要求对待不耐烦的客户也要和蔼可亲，并安慰烦躁不安的孩子，排队的客户还可以观看视频录像来解闷。1999年，公司引入了一项创新技术——一个名为"快速通行卡"的电脑预订系统，只需要快速扫描一下门票，游客们就可以预约当天的某个时间点在哪个娱乐设施游玩，当他们在预约时间内到达该娱乐设施时，可以走特殊通道快速入场。

快速通行卡对于很多公司认为的不可克服的永久挑战是一个极好的解决方法。我说这个只是想说明：有时一点洞察力和创造性，就能让你做出别人意想不到的工作流程改进，也能使客户感激不尽。不久前，华特·迪士尼公司开创了一项名为"迪士尼奇迹快车"的工作流程，使客户从酒店结账到抵达机场的整个过程就像微风一样舒适快捷。员工们曾经看见太多忙乱的父母一边要照顾吵闹的孩子，一边还要检查登机箱、机票和行李，因此他们想到了一种让游客能够更容易地从酒店大堂到机场候机楼的方法——游客们在酒店结账前，就可以在酒店检查行李并拿到登机牌，然后乘坐迪士尼大巴直达机场。毫无疑问，消除这些麻烦为公司带来了另一个竞争优势。

还有一个例子。多年以来，迪士尼提供的门票种类不多，游客们的选择有限。不过他们通过集体座谈、写信、调查和购票点投诉等方式告诉我们，他们想要更多的门票选择。于是，我们增设了门票种类。例如，我们调整了多园通用门票，之前，客户可以在3天内去 4 个主题乐园中的任意乐园游玩，现在加设了一天通用票和两天通用票。只要客户愿意付钱，他们有了更多的门票组合选择，而许多游客确实愿意多付钱。

**3. 第一时间了解到哪些方案是可行的，哪些方案不可行。** 在我管理过的一家酒店中，顾客有时候会抱怨他们所要求的设施，比如服务人员没有将婴儿床和冰箱等放在他们的房间里。有一次我亲耳听到了许多恼怒的妈妈、爸爸对着前台经理吼叫，而他们的婴儿在后面尖声哭喊着，于是我决心调查这一情况。让我沮丧的是，我发现我们酒店对于满足这种需求的相关制度实在太差。对此，我提出了一个工作流程：当客户预订房间时，前台要询问他们预计入住的时间，以便客房服务员提前为有特殊需求的客户做好入住准备。后来，我们又进一步改进这个流程。我们记录下需求最多的一些物品——熨斗、熨衣板、咖啡壶、备用枕头和冰箱等，然后将它们长期配备在客房中。虽然配备这些物品增加了些成本，但是客户满意度提高了，此外，劳动力成本下降了，因为我们不再需要额外的员工专门为客户送去这些日常物品。我们再也不需要因为客户要求的设施未被配齐，而向心烦的客户道歉了。

倘若不是我自己亲耳听到客户的抱怨，改进工作流程的事情也许永远不会有进展。从那时起，我努力做到亲自倾听客户的反馈意见并亲自负责改进工作流程，而不是交给下属去完成。还记得那对被迟到的酒毁了结婚周年庆祝晚餐的夫妇吗？因为我已经建立了一套确保不满意的客户能够直接见到我的流程机制，所以我能够迅速了解到具体情况。每本菜单的前面都贴有一张 5 厘米高的金黄色标签，上面写着："若您在本餐厅就餐有不满意之处，请与餐厅经理或我本人联系。"后面跟着我的姓名和头衔。领导者个人对各种问题的快速反应，将带来客户的忠诚度。

4. **在迪士尼公司，我们过去常常写信向前来投诉的客户道歉，但他们似乎根本听不进去这些道歉的话。**因此，我们开始打电话给投诉的客户。打电话自然比写信和发电子邮件更花时间，但是，这种双向交流的方式让我们更充分地了解每个人投诉的本质问题是什么。此外，当那些投诉的客户接到我们有礼貌、充满关爱的电话，并想努力了解问题的详情以便弥补他们时，他们对公司的看法会大大好转。我们无法计算如果不是因为那些一对一的交谈，公司可能永远也想不到的流程机制改进次数，我们也无法计算那些可能不会回头的客户或是可能不打算将迪士尼推荐给他人的客户，因为这些电话转变心意后给公司带来的回报。要时常咨询员工。作为一个领导，你必须认真留意一线员工的声音，听一听他们在抱怨什么，这么做有助于建立一种发现问题并解决问题的工作流程。

我在担任万豪酒店总经理时设立了一个由各部门的一线员工组成的咨询小组。我每周都会与他们见一次，一次一小时，因为绝大多数问题都与人力资源部和维护部有关，这两个部门的总监也会出席。我的秘书记录下大家说过的每一件事，从漏水的水龙头到坏了的真空吸尘器，从设备短缺再到安全隐患，等等。然后，我们把问题清单发给相关部门让他们去解决，最好在下次开会之前就解决掉，这样在下次开会时我们就可以检查每个问题是否已经妥善解决。我们把每个问题都标了号，除非它们被妥善解决，否则会一直保留在清单上。

这样的工作流程不仅保证了不遗漏任何一个问题，而且还培养了各个层级的员工不断地评估他们自己的工作流程，且永远不会把"我们一直都是这么做的"作为最终回答。这样的流程还让员工习惯于问"我们为什么那么做？""如果没有这个程序会发生什么？""改变它有什么风险？"。这样的流程还对管理层与员工之间信任感的建立发挥了重要作用。我们把问题清单贴在每块布告板上，员工们就知道我在倾听他们并关注他们所在意的问题。当他们发现管理层正在严肃认真地解决问题时，他们就更愿意告诉我们关于这些问题的更多信息。

切记，如果你不能跟进问题的话，你的公信力将为零，而你的员工也将从此缄口不言。一些对你而言无关紧要的问题，对员工而言却可能非常重要。当你留心听的时候，你会发现有些问题是公司内部的问题，比如烦琐的休假申请和上下班打卡流程；另一些则是影响员工个人家庭生活的问题，比如麻烦的薪金支付、错误的修正流程、遇到紧急事件申请调整工作日程的流程等；还有一些则涉及系统性更强、成本更高的流程问题——类似如何计算工资、按时给供应商付款、回收拖欠账款等之类的问题。

这里讲一个迪士尼通过流程改革让员工的生活变得轻松且帮公司节省了经费开支的例子。某个时期，我们曾要求员工必须每天去服装部把穿脏的工装换成干净的工装。员工们时常抱怨这样很麻烦，我们因此改变了流程规定，允许员工一次取五套工装，他们可以选择自己在家清洗或是一次性更换五套。员工们因为不必天天都去服装部更换工装节省了时间，而公司也因此降低了洗涤成本。

所以，要培养你的员工学会识别工作流程中存在的问题，但不能只等着他们来向你反映问题，你可以主动组织集体讨论会。我在迪士尼公司工作期间，就会定期召集员工开会讨论，激发他们思考流程、制度、规范和运营方针方面存在的问题。因为我们需要讨论哪些流程应该结束，哪些流程应该开始，哪些流程应该继续保留，我把这种定期会议称为"结束 / 开始 / 保留"讨论。举几个例子，我们决定结束的一个流程是：购物金额低于 25 美元也要求客户在信用卡收据上签字。这一变革加快了销售过程中的交易时间，且未增加欺诈风险。而"9·11"事件后，我们决定开始的一项安全预防措施流程——当客户到来时请他们出示带照片的身份证。我们决定继续执行的一项流程是：每个部门每天都要开轮班前会议。经过仔细的讨论，我们认为这是一个很有用的实践，以至于我们否决了另一个提议——每周只开两次例会以节省经理的时间。

有时，改进工作流程需要组合考虑开始、结束和保留。例如，在讨论如何减少餐具丢失和破损的问题时，我们提出："结束每天清点餐具的程序，开始每周清点一次，同时继续保留培训厨房工作人员如何正确堆叠餐具的流程，这样，我们就可以少打碎一些餐具。"

老板的直接下属同样可以利用这一模式，就他们希望老板结束什么流程、开始什么流程以及保留什么流程向老板提出反馈意见。例如，某位经理可能会听到他的直接下属说："我们希望您结束在未事先通知我们的情况下频繁地召开会议的做法，因为这样做会影响我们的工作进度。我们希望您开始制定会议议程，以保证会议紧扣主题、突出重点。我们希望您能够继续保留每个月就我们的业绩表现与我们开一次讨论会的流程，这样可以使您更好地了解我们。"

**5. 从员工那里收集解决流程问题的办法。**这可能是本章最重要的建议。员工不仅是识别工作流程中所存在问题的理想人选，而且也是最适合去解决这些问题的人。毕竟，他们才是做具体工作并与顾客打交道的人。

迪士尼员工仅仅在一年内所贡献的好主意就足以写成一本书了。但在这里我只重点说几个。有段时间，客房服务员抱怨在地毯上推车费时又累力，因为我们酒店走廊的地毯很厚。于是，他们向公司提出能否提供机动推车。这个决策被事实证明是极好的：客房服务员能够在更短的时间内完成更多的工作，身体拉伤也减少了；公司因旷工现象的减少和医疗成本的降低也节约了一大笔经费。另一个例子是停车场服务员想到的极有创意的办法。游客们玩了一整天后往往身体比较疲惫，无法记住具体的停车位置。这个停车场服务员想到让每个服务员都拿着一张停车场图表，并在图上标注每个车位被占用的时间。当客户不记得他们把车停在哪里时，服务员通过询问他们停车的时间能迅速地缩小客户可能停车的区域，然后用高尔夫球车送客户去找他们的车。

再讲一个我很喜欢讲的故事，是迪士尼纺织品服务部的故事。上一章中我曾讲过熨烫机循环带打结的事。通常的流程是，大型运送车载着几百磅用脏的被单、枕套和毛巾到达卸货点，员工们把这些东西搬到传送带上，然后进行清洗、烘干、熨烫。有些织物会卡在运送车角落里，员工们需要爬进运送车里把它们拿出来。员工们烦透了爬来爬去，于是将一根粗电线弯成钩子形状，周围缠上胶带做成一个简陋的工具。这个工具大概有一米长，可以帮助员工们掏车厢角落里的织物，省去了他们爬来爬去的麻烦。

几年后，有位经理让员工提出一些节省费用的想法时，这个改进了的办法本身又得到了进一步改良。一位卸载工提出，他们自制的钩子划坏了很多被单，这些被单要么扔掉，要么被客户不小心用破。经理问他如何解决这个问题时，员工们回答："重新做。"于是，机械师用喷灯烧钩子并把钩子弄钝。客房织物熨烫部的经理肯·米拉斯基计算了一下，钩子的改进每年为公司节省了因损坏的织物导致的大约 12 万美元的损失。

我还是想啰唆一下之前多次提到的观点：每一家公司都可以从这些例子中得到启发。当梅赛德斯家庭建筑公司的领导者在迪士尼学院®培训时，他们从停车位的故事里得到启发，随即询问他们的一线员工需要解决哪些问题以及解决这些问题的最佳方案是什么。有位员工说，公司的一些顾客是年纪大的人，公司为他们建造了住房，这些顾客因为年事已高，无法在飓风来临前自己安装百叶窗，结果导致他们的房子比别人家的受损更严重。另一位员工想到了一个解决方案：公司可以为这些老年客户建立档案，当预报有暴风雨的时候，可以派人与他们联系看这些客户是否需要帮助。一项如此简单体面的服务，却保全了大量客户的住房，也非常有利于维护公司与客户之间的良好关系。

**6. 尝试交叉审查。**在此我再推荐另一条有助于员工识别及解决工作流程问题的方法。在万豪酒店和华特·迪士尼公司工作期间，我都采用了一项叫作"交叉审查"的措施，即不同度假区或主题乐园的经理们用一天时间审查同事的经营管理情况。因为当人们跳出自己平时的思维框架，用全新眼光看待其他事物时，往往更容易看到问题所在。因此，我们让这些经理们互相查找彼此在管理、成本和流程上的缺点。他们在"交叉审查"这一天走访不同的部门、向不同部门的经理及一线工作人员提出问题，并考察部门运营情况。这种做法的成效显著，经理们不仅发现了他们参观的其他部门的欠缺之处，也从中收获了很多有利于他们自己部门的很有建设性的想法。

有一次，一位总经理在审查另一位同事负责的酒店时，他惊讶地发现，迪士尼动物王国的饲养员们也在酒店大堂里。他们正在向客户们展示一些小鸟并解说一些有关小动物的知识，这让准备登记入住的客户的排队时间显得不那么漫长而且还很有趣。这位总经理回到自己的酒店后，也开始在生意火爆的时候为客户提供一些类似的娱乐服务。另一位经理在审查一家酒店时发现，这家酒店为回头客们开设了专门的入住登记通道。客户首次入住时通常需要说明自己携带包裹的情况，而这家酒店省去了回头客的这种麻烦，进而大大加快了每个人的工作节奏。这位经理之后也在自己的酒店里建立了类似的流程机制。

**7. 利用先进技术**。计算机及其他技术的发展，为加快工作流程、降低成本、消除以前可能永远不能被消除的各种麻烦创造了可能。迪士尼公司充分利用了这些年涌现出的各种新技术。以往经常出现的一个情况是：酒店客户白天很晚的时候返回房间，却发现房间还没有整理完毕。我们在回顾这个问题的时候意识到，是我们的管理流程出了问题——经理们没有一套能够随时了解哪些房间已整理完毕或尚未整理的系统。于是，我们引进了一套新的电子管理系统：客房服务员收拾完毕后，将一个代码输入房间电话中，这些代码就会传输到电脑数据库里。这样，经理们无论是在办公室还是其他地点都可以接收到这些信息，并准确了解到哪些房间已整理完毕，哪些尚未整理好。然后，他们就能将信息告知给所有客房服务人员，并确保这些服务人员每天下午 3 点前将客房整理完毕。

我们能解决这一长期存在的问题，主要是因为我们当中有人紧跟数控编码技术的发展。那些不紧跟技术发展的领导者则会给他们自己和公司带来巨大损失。当然，这并不是要求领导者都要成为"极客"（虽然可能意味着你要雇用一些"极客"）或者花大量时间做研究。但是，只要看看周围，你就会发现，新技术无处不在，你可以随时借鉴。你新买的汽车不是都有经过电脑技术处理的语音提醒你何时对车辆进行保养吗？也许，你可以把类似的技术运用到你的工作中。你不是通过网络查询孩子的考试成绩吗？也许，你也可以利用网络传播信息来减少实际工作中的麻烦。例如，在迪士尼公司，员工们可以在家里登录网络以查询各自的工作日程安排、更新个人信息、核实福利和休假时间，完成各种以往需要打电话或者亲自到办公室才能办的事情。

再举一个我们在迪士尼公司如何利用计算机技术解决工作流程问题的实例。过去，我们都是通过一种麻烦而低效的过时方式——四处打听——来寻找愿意加班的员工，经理们经常抱怨他们花了太多时间寻找愿意加班的员工。后来，我们利用迪士尼公司的内部网络，在上面建立了专门的网站，员工可以在上面报名去到公司任何工作场所加班。每一位员工都可以根据先来后到的原则进行加班。有了这个网站之后，我们再也没有因为找不到人加班而为难。

除了紧跟技术发展，站在相关行业研究的前沿也很重要——你甚至应该亲自开展研究。数十年来，迪士尼公司因其主题乐园总是出奇地干净整洁而备受赞赏。当你想到有那么多孩子在乐园中跑来跑去以及有那么多食品和快餐在乐园里被消耗，你就能意识到保持主题乐园的清洁卫生是一个非常了不起的成就！那我们是如何保持整洁卫生的呢？我们做的不仅仅是要求钟点工按时清扫垃圾，以及教育每一位员工只要看到垃圾就要捡起来这么简单。下次，当你走在梦幻王国或者任何一个主题乐园的大街上时，请数一数两个垃圾箱之间相隔多少步。你会发现，答案是 25 步。这可不是随意设计的，它是根据一项研究结果设计的。这项研究测定了客户剥去糖纸所需的平均时间以及游客在这段时间内走动的平均距离。这些数据帮助我们设计了垃圾箱的最佳摆放方式，并对保持主题乐园的干净整洁和整体外观形象发挥了重要作用。

**8. 提前预防麻烦。**不要等到麻烦发生了再去解决，在它们发生之前就要找到预防的办法。请记住一句古老的航海格言："每一条规则背后都有一个死了的水手。"意思是说，若非有人从船上掉下去，没有人会去改变什么或者制定什么规则。还是如我在前一章中提到的那样，对领导者而言，提前预想可能出现的问题并让员工做好应对措施是非常重要的。正是由于迪士尼公司事前准备到位的复杂精细的流程机制，才让迪士尼公司在 2004 年因其应对飓风做出的反应而赢得了美誉。每一个细节都被我们提前考虑到了——从准备好分发给客户的盒饭，到在酒店安排娱乐演出人员消除客户的无聊直到可以安全到户外游玩，再到最糟糕的阶段过去以后清理路面上刮倒的大树。而且，我们还根据具体情况适当调整了我们的应急方案。当我们发现很多员工因为不想在下暴雨时把宠物单独留在家中，而无法来到公司帮忙的时候，我们就在公司设置了宠物之家。

总之，我们已经建立了一整套模拟应急情况的工作流程。迪士尼公司下属的分公司每年都要模拟演练一到两次不同的紧急情况——不仅有飓风，还有氯气泄漏、化学攻击等其他紧急情况——并尽可能逼真。当紧急情况真的发生时，这些严格预演的价值就体现出来了，能够帮我们减少许多损失。

**9. 审视你自己的工作方式。**许多领导者习惯于审视员工的工作方式，却忽视了审视自身的工作方式。还有的领导者则很抵触让任何事都成为例行程序，因为觉得这样做非常枯燥，他们希望自己能够灵活自如地应对不断变化的环境。但是，良好的例行程序能够为你提供稳定性，让你面对挑战时能在此基础上适当调整。我曾听人说过："管理就是枯燥的。假如你想寻求刺激，就去当赛车手吧。"他想表达的是：好的管理者并不追求刺激，而是让一切尽在掌控中，最大限度地降低意外发生的可能性，并促使员工一如既往地尽最大努力做好工作。良好的工作流程能确保你集中精力关注例行性的、必要的和可预见的任务，从而使你能够创造性地应对那些意料之外的突发事件。

忙乱无序是领导者面临的最重大的问题之一，而他们自己却时常不自知。危机不断涌现在他们周围，而他们却没有意识到，假如他们最初就把一切组织得井然有序，很多危机是可以避免的。而且，他们需要应对的危机越多，就会越抵触让一切保持井然有序的样子，因为他们根本无法长时间停下来思考他们的日常工作。

我曾经也是这样的领导。我在担任万豪酒店食品饮料部的地区运营总监时，收到了老板给我的一张便笺，告诉我必须去参加一个时间管理的研讨会。我回复说："我没有时间去参加一个为期两天的时间管理研讨会。"我那时觉得我的工作已经非常井然有序了。我可能是周末和晚上工作得多了点儿，但我总能按时完成各项任务，而且不断地获得优秀的业绩等级。过了一段时间，我最终明白了，那些抽不出时间去学习时间管理的人恰恰是最需要学习时间管理的，就像我之前那样。我在那次研讨会上学到的东西，后来为我取得的每一项成就都发挥了核心作用。

除此之外，我还学会了如何区分轻重缓急，而不是眉毛胡子一把抓。我学会了如何让别人参与到任务中并委派任务给别人，而不是事必躬亲。我学会了过完整的生活，而不是将工作和个人生活割裂开来。我学会了个人的很多事情与工作一样重要，比如花时间陪伴家人和朋友、日常锻炼等，我把这些事也列入我的日程安排中。毋庸置疑地，改进我个人的工作方式帮助我消除了许多麻烦——不管是个人生活上的，还是工作中的，也帮助我成为一名更出色的领导者。你看，管理艺术和领导艺术密切相关。管理上的技巧有助于提升你的公信力。如果你自己的工作生活混乱无序，说过要做的事情却没有去做，如果你不能信守自己的承诺，你就不会被别人认为是一名出色的领导者。

所以，请定期回顾并评价你自己组织工作的方式——而且不要只在工作时间内才这样做。请确保你自己的全部生活都处于掌控之中，否则，你的个人生活和工作将会发生矛盾并出现混乱。你或许需要学习有关时间管理的课程，或者聘请教练来指导你建立起自身的工作和生活的体系。你也可以利用电子设备或老式的记事本，或者两者兼用来帮助你自己。我前面提到，这些年来我一直都在使用个人工作计划表，我还有一部黑莓手机，这三种方法相互补充帮助我很好地管理着时间。不管你选择什么方式，都要尽可能熟练掌握并运用好它，并且时刻带在身边。（个人工作计划表是一款强大的时间管理应用程序。有关信息可登录 www.daytimer.com）以下还有一些我认为很有用的时间管理方面的小建议。

　　* 每天早晨花 5 到 30 分钟的时间计划全天的工作和生活。

　　* 用这些时间列出当天所有需要完成的事情以及需要开始的事情。

　　* 列上述清单的时候，问问自己以下三个问题：

　　·在我人生应该履行的所有职责中，哪些是我今天应该履行的？

　　·我今天应该开始做哪些 1 年、5 年、10 年、20 年甚至 40 年都不会带来回报的事情？

　　·我昨天做了哪些需要今天重新去做并要做得更好的事情？

　　时间总是远离忙碌之人。因此，假如你认为只有那些缺乏创造性的懒人才需要合理安排自己的工作和生活的话，那你应该再好好想想了。你可以将通过合理安排所节省下来的时间用于学习新知识、想出新创意或者实施新想法。合理地规划自己的工作与生活的时间，一定会为你带来积极的成果。

**10. 预料到阻碍。**在已有的组织架构中，当你改变既定的流程时，必然会出现反对的声音，对此，你要有心理准备。在做出决策之前，仔细倾听所有的意见是非常重要的，我在第四章中也曾强调过。切记，某人既然创造出了当前的流程机制，它的存在就必然有原因。当前的流程在它被提出之时可能发挥了重要作用——事实上也许还将继续发挥作用——但是，如果你已经决定改变或者废除它，你就要巧妙地应对各种反对意见。当然，这需要勇气，没有勇气你也不可能做出重大变革。

在我从巴黎来到奥兰多以后，我曾提议要改变某个工作流程，有很多员工不同意。我之前就注意到，欧洲的很多酒店为了节约用水以及降低用工成本并没有天天更换客房床单（当然，如果客户只住一个晚上，在下一位客户入住前还是要更换的）。我很认同这一做法。但是，当我在迪士尼公司提出这个建议时，大家极力反对，我几乎要被大家轰走了。员工们说："大酒店都是天天更换客房床单的，只有那些廉价旅社才不天天更换床单。"他们认为，客户们即使用脚指头投票也会反对我的建议。不过，我对我的建议很有信心。因为这个决策是可逆转的，我便对持反对意见的人说："要不我们先在一家酒店尝试一下，看看效果如何？如果行不通，我们接着按照原先的做法呗。"

　　我们在拥有 2 000 套客房的加勒比海滩度假区进行了试验。每个房间里都放了一份说明，说我们正在试行新做法，这一新做法每天将节约数百万加仑水并避免数吨化学物质投放到环境中。我们也告诉客户，任何人想每天更换床单，我们同样很高兴提供服务。我们还要求客房服务员及时更换任何弄脏了的床单。结果呢，平均每天只有一两位客户要求更换床单，而且很多客户写信给我们表扬我们的环保做法，反对者们看到这些结果后都震惊了。当我们又在其他度假区进行同样的尝试时，我们得到了同样积极的反馈。很快地，即使是那些最开始认为我疯了的反对者们也赞同了我的做法，我欣喜不已，为坚持住了自己的想法而高兴。我们节约了大量用工开支，因为服务员可以在更短的时间内清理更多的房间，我们还节省了大量洗涤剂及其他保洁开支。我们甚至还取消了购买新洗衣机的计划，这项计划本来要花 100 万美元。

　　争取一线员工支持你的观点也是消除反对意见的一个重要方法。几年前，迪士尼纺织品服务部的管理层想要提升洗涤衣物的效率。他们发现了一种可以将生产率从每小时洗涤 800 件提高到 1 000 件的洗衣机。这项流程机制改革如此之大以至于要几个月才能收回购置机器的成本。不过，管理层知道，员工们可能更担心的是引进自动化设备会导致部分人失业，所以才会有很多人反对这项改革。因此，公司领导者与员工们在购置洗衣机之前举行了一系列的讨论会。他们向员工播放洗衣机的相关视频，向员工们解释这个洗衣机能带来的财务收益，然后征求员工们的反馈意见。因为那些生活可能会因这项改革而受到影响的员工们感到自己充分参与了公司的决策过程（并且很确定没有人会失业——那些依靠加班多挣钱的员工将被分配到其他有额外工作的地方去工作），他们也满腔热情地赞同了这项计划。新的洗衣机被引入后，纺织品服务部每天可以多处理 25 600 件枕套。随后的几年里，随着度假区的发展以及需要处理的织物量的增加，这项改革为公司节约了巨额开支。

作为领导者，你的职责就是要在经营管理过程中不断地寻找和执行新的更好的工作流程，并努力争取大家对新方案的支持。

这里还要给大家提个醒：有些流程机制的改革虽然看起来很有意义，但也不应该被实施。有时候，牺牲效率以保证安全是必需的。例如，将现金放在保险箱中或者用密码保护公司电脑可能会带来许多不便，但是，保障公司设备、现金与资产的安全，保证员工与客户的安全，始终要优先于速度和便利。

**11. 定期评估改革成效**。请记住那句古话："没有检查就没有期望。"引入新的流程机制是很容易的，困难的是坚持住这些流程机制。因此，在实行新流程之前，花一些时间与将会受到影响的每个人进行全面彻底的交流，向他们准确解释这项改革为何对员工，对顾客，以及对公司业绩如此重要。正如我之前提到的，当你充分说明了你的决策背后的原因时，员工才更有可能接受它。一旦你实施了改革，就必须保证改了的地方要持续下去。我强烈建议你每天都要亲自去看看新流程的运营情况，核实所有的流程和制度，不要只是询问别人进展如何。

至于组织架构创新，务必要避免过于钟爱你自己提出的改革措施。要抱着这样一种态度：任何调整都是可逆的，你不仅可以再次改变它，而且随着具体工作的需要你最终一定得改变它。请记住取消或者改变一个工作流程可能会引发你未曾料想到的问题。在迪士尼，对客户而言，当他们忘带购物小票就来退货是很麻烦的事情。于是，我们开始允许客户没有购物小票就能退货。之后我们发现有些人大摇大摆地走进我们店里，拿了商品，就去收银台退货。我们于是又改回到之前的流程，并且培训经理们对那些确实弄丢了购物小票的客户予以适当的例外。

请记住：某种环境下有用的工作流程，不一定适用于另一种环境。2006 年，沃尔玛公司实行了一项新制度——不再起诉那些在商场偷盗价值不足 3 美元的商品的小偷，因为起诉成本相对商品价格太高。某个时期，迪士尼公司也曾经有过类似的仁慈制度。但是，19 世纪 90 年代中期，社会上大肆传播着超市扒手被抓后又会被放掉的流言，于是当地的学生们开始比赛看谁能偷到最贵的东西。更过分的是，不只是孩子，有些不诚实的员工、家长，甚至还有爷爷辈儿的人都到礼品店偷珍贵的纪念品。我们估算了一下，我们因此造成的损失已经多达销售总额的 3%。于是，我们改变了处理方式。现在，我们会起诉每一个小偷，并且通过安装隐蔽式摄像头、增加打扮成普通客户的安保人员以加强安全防范。

改革流程之前要先进行试验。先用 30 到 90 天的时间试验新流程，再系统性地推进改革，看看它们是否如你所预料的那样被执行，是否真的站住了脚，是否又回到了改革前的状态或者在实施过程中走了样。当涉及改革创新时，请记住中国人劝人做事应当如竹子般的告诫：面对困难坚强不屈、百折不挠。

# 行动步骤

* 当出现问题时，务必先找流程机制上的瑕疵，而不是责怪他人。

* 不断地鉴别客户和员工遇到的麻烦事，并通过流程机制改革来消除麻烦。

* 让一线员工帮忙识别分析影响客户满意度或妨碍员工完成任务的工作流程障碍。

* 询问客户哪些工作流程给他们造成了麻烦，他们喜欢或者不喜欢哪些业务流程。

* 亲自打电话给对公司不满意的客户，了解工作流程中所出现的问题的第一手详细信息。

* 将最新技术和相关研究成果运用到你的流程机制中。

* 确保工作流程机制落实到位，并在问题出现之前做好相关准备。

* 请管理好自己的时间以消除你个人工作生活中的麻烦。

* 新的工作流程试运行3~6个月以后，检查一下看看是否能够行得通。

* 经常问问自己："我们为什么要用那种方式做？"

　　* 探索一下怎样改革工作流程，才能使你更有时间指导、忠告、培训员工。

　　* 寻找能使你的经理们有更多的时间与客户在一起的工作流程。

　　* 问问自己："最近 30 天里我形成了多少关于流程改进的想法和建议？我跟踪了多少呢？"

　　* 时常检验员工对当前的工作流程和经营指导方针的理解支持程度如何。

第八章

## 策略六：愿意了解真相的领导，才能留得住员工

电视连续剧《天罗地网》（*Dragnet*）中的乔·弗雷迪（Joe Friday）侦探常说："夫人，事实说明一切。"而这正是领导者所需要的：事实。离开事实真相，你如何能做出正确的决策？只要随便翻看某一天的报纸，你就会看到各种因决策失误导致的不良后果，这些决策是领导者根据错误的信息或者不完整的信息做出的。

优秀的领导者们总是处于一种学习状态。对他们而言，真相比黄金还宝贵，他们知道，他们了解越多的事实真相，就越能成功。因此，他们不断地探究调查、听别人的意见，并充分利用各种合理的方法收集信息。的确，收集事实数据非常耗时，但是，你是愿意现在就投入时间并做出明智的、基于事实数据的决策，还是愿意等到事情结束后再花更多的时间去修改错误、替换因郁闷而离职的优秀员工，或是狼狈地去追赶已经占领市场的竞争对手？或者更糟糕的，你是否愿意花时间和资源来处理突如其来的法律问题及金融问题？切记，领导者不应该说"我不知道发生了什么"。正如我们所见，很多公司行政主管通过宣称自己对运营情况一无所知徒然地为自己辩解。了解事情进展是一个领导者的职责所在，而且，一旦出现严重错误，你总希望自己掌握了阻止错误发生的关键信息。

你当然无法了解全部的事实真相，但你可以了解更多的事实真相。这就是你的工作。假如你不能尽可能地利用每次机会了解事实真相的话，你就可能做出错误决策，并为此承担风险。很多有能力的领导者都发生过这种事。他们有的过分依赖模糊数据和可疑信息；有的将他们自己与做不同工作的人分离开来，似乎下级员工根本没什么信息可以提供；有的则抵制建设性批评意见；还有的则打击那些传递不愉快事实的员工，致使员工不再提供真实的信息给他们。

　　无论你做哪种工作，假如你真的渴望有出色的领导力，你就要了解与你所在的行业或运营相关的所有事实。正如被称为"当代的乔·弗雷迪"的福克斯·马德尔（Fox Mulder）——电视剧《X档案》（The X-Files）中的一名侦探——时常说的："事实就在那儿。"以下有些小建议可以帮你了解事实真相。

　　**1. 定期在公司各处走走**。虽然华特·迪士尼忙碌地经营着世界上最大的娱乐帝国，但他过去常常花大量时间在迪士尼乐园里走动，与客户和员工进行交谈。而且，他督促他的行政主管和经理们也这么做。实际上，那时候阿纳海姆的办公室连空调都没装，因为华特不希望员工舒服凉快地待在办公室中与外界毫无接触，他希望员工们都到主题乐园里走动，去了解公司运营的第一手信息。公司希望公司领导们每周都能提供一条客户视角的意见，于是他们把车停在客户的停车场、去客户常去的餐厅吃饭、像客户一样排队乘坐娱乐设施来了解客户的想法。大量的创新和改进——从如何组织客户排队，到与迪士尼奇迹密切相关的台前／幕后概念的形成，等等——都是直接从与客户的密切接触中产生的。某一天，华特在阿纳海姆主题乐园里走动的时候，看到一位牛仔打扮的员工径直从"西部拓荒世界"步行穿过布满各种未来景观的"明日世界"。由于担心这种不协调的现象会破坏场景的神秘感，华特后来在设计"梦幻王国"的时候特地设计了一条位于地下 5 米深的工作通道，这样游客们就看不见所有的幕后的职能——从办公、物品搬运，到员工停车场，到垃圾清运等，而且员工们也可以不被察觉地从一个地方走到另一个地方。甚至在我到迪士尼公司之前，我就已经认识到了走出办公室、在公司到处走走以及亲自了解事实真相的价值，这可能是我到了迪士尼能够适应得如此良好的一个原因。举个例子，当我管理斯普林菲尔德万豪酒店时，我大部分的时间是在酒店大楼里四处走动，而不是坐在办公室里。我每天早晨 6 点到达酒店，先检查一下酒店大堂、3 部公共电梯、车道（大早上在电梯里和车道上看到的东西会让你惊讶的，而且，请相信我，它们通常是你并不希望客户见到的东西），甚至还有角落里的邮箱，以确保它们是干净清洁的。然后，我一层一层地走上楼以检查楼梯间，检查所有 14 个楼层的走廊，确保客房服务的托盘都是干净的、房门外没有留下看起来十分脏乱的残余物。我还会检查宴会厅、会议室、库房、餐厅、厨房、冷藏室、公共卫生间、卸货区和大垃圾箱，我也会检查员工自助餐厅及衣帽间，因为我想让员工们知道，我同样关心他们的设施情况。在我走动的过程中，我会停下来与工作人员及经理们聊天，感谢他们的出色工作，并询问有哪些是他们觉得我需要注意的情况。当我看到不对劲的地方，我会标注在我的个人工作计划表上，随后便加以解决。

到 7 点钟的时候，我会带着记有一系列问题的笔记回到办公室，与执行委员会成员讨论这些问题。委员会的每个人都知道，我在 24 小时之内还会再走一趟，我记录下来的所有问题——特别是安全问题——那时都应得到解决。这些问题确实总能得到有效解决。例如，没过多久我就不需要检查客房服务的托盘是否干净了，因为工作人员了解了我的工作习惯后，他们开始定时清理托盘——凌晨一次，早晨5点45分再清理一次。

我每天都会定时地亲自检查酒店的关键位置，下班回家之前还会再全部检查一遍。走出办公室在公司里走走是一种很好的时间投资，我不仅可以近距离观察公司的运营状况，而且还可以更好地了解每一位员工，而员工们也因此能够更自在地告诉我我需要知道的事情。

我到每个职位都保持着这样的工作习惯，而且我确信别的领导者也会跟着适应我的做法。我在迪士尼公司强调的一条重要原则是"每天去几次员工工作区和客户区"。我劝你也这样做，特别是每天到达公司的时候。这样能帮你发现不足，评估公司发展情况，在小问题变成大问题之前就解决掉。要经常到员工工作区和休息室转转，多与员工交谈，向他们了解是否有阻碍公司发展的问题，比如，工作流程是否迟缓、运营方针是否不够明晰、设备是否陈旧、培训是否不足，等等。然后再问问你是否能做些什么来让他们的工作更容易一些。集中注意力倾听他们并记录下他们的意见，然后迅速跟进这些问题并加以解决。

你可以将这条原则运用到任何行业、任何规模的企业中。弗兰克·理查兹（Frank Richards）就是一个很好的例子。他是一家非营利性机构——美国佐治亚州第二丰收组织的总裁兼首席执行官。他在迪士尼学院®的培训帮助下把一个几近破产的公司扭转成为兴旺发展的公司。他过去常常将 80% 的时间花在办公室里，20% 的时间用于巡视 1 858 平方米的公司设施。后来当他在迪士尼学院®接触了这一理念后，他把时间分配对调了一下，现在他 80% 的时间用于巡视仓库和员工办公室、视察每个部门、与员工交谈、收集信息，以及在小问题变成大危机之前就解决掉。他还改进了记录想法的方式——每排仓库的末端都有一块白色书写板，他可以在上面记下需要引起注意的事情——食品溢出、货盘破损等——这样经理们自己就会看到这些问题，而不需要他亲自跟踪监督。一天下来，他得到的消息可比早晨时能够得到的要好很多——他记录下来的所有问题几乎都解决了。我预言有一天他再在公司走动的时候，将不会看到太多问题，因为他已经教给他的团队要注意什么。从这一点而言，弗兰克以后在公司的日常走动时间将变得更短，他将有更多的时间来发展公司业务。这就是花时间四处走动所带来的积极效果。

我还得强调一件事：必须定期走动。如果你的员工只是一周见到你一次或每月只见到你几次，那么他们改变行为方式可能仅仅是因为觉得你在盯着他们。而且，他们在告知你需要了解的情况时会感到十分不自在。但是，假如他们能够经常看见你，那么无论你在与不在，他们都会同样地好好表现。他们能感觉到你是真心地关注他们、倾听他们，因此会足够地信任你，并将所有的事实真相都告诉你。

**2. 了解公司实地运营的基本情况**。尽可能以客户的视角来看待公司的运营情况。当初我在万豪酒店负责食品饮料管理工作时，经常像普通客户那样出现在某个餐厅或酒吧。当我负责管理整个酒店时，我实际上前 3 个月就住在酒店里，并了解了许多通过其他方式永远无法了解到的信息。例如，我发现早晨某个时间段，14 层大约要放 10 分钟才会有热水。工程部总监开始不相信我，我就给他看我每天记录的热水供应日志，然后同他一起爬上天花板检查，我们发现热水供应缓慢的原因是回水管上有一个阀门关闭着。谁知道又有多少客户因为热水供应缓慢而选择到别的酒店下榻呢？

　　当我在迪士尼公司工作的时候，我经常穿着短袖、戴着棒球帽，带着我的孙子孙女们去主题乐园游玩。我们像普通游客那样按顺序排队、问路、就餐、喝水、买东西。这与我穿着西服以领导身份视察的感觉很不一样，而我以游客身份观察到的一些现象又促进了工作的改进和提高。我非常支持增加投资在有空调的娱乐设施内部增加检票点的一个重要原因，就是因为我自己在烈日下苦苦等过，知道这种滋味不好受。我们开始在儿童套餐中用法式烧烤和热狗来取代玉米粉球，是因为我孙子指出了我们的错误。（迪士尼公司自从2006 年起就已经开始为儿童提供均衡营养食品，包括更多的蔬菜和新鲜的水果。）我还了解到，某个年龄段的孩子很害怕一些骑乘娱乐项目，因此我们培训员工让他们向孩子的父母说明情况。我的孙子朱利安非常喜欢玩一个通过向目标喷水来赢取奖品的狂欢游戏，但因为总是成年人赢，他每次玩得都不开心。因此他建议我们增设几轮只允许孩子参加而不允许成年人参加的玩法。自从我们接受了他的建议，提出了一项新措施后，许多孩子都来玩了，每次都是赢了奖品高高兴兴地离开。

　　无论你负责运营的是证券买卖公司，还是硅谷高科技公司的呼叫中心，抑或是大型零售商场的一层，你都能够找到方法以客户体验的方式来亲自观察公司的运营情况。

**3.定期与直接下属座谈。**不要只问直接下属一切是否进展顺利，并且听到他们说顺利就算完事了。没有什么事会一直顺利。请定期与他们进行实质性的面对面交谈。我在迪士尼公司工作时，当我与直接下属交流时，我主要围绕 4 个 P——员工（People）、流程（Processes）、方案（Projects）和利润（Profit）——组织谈话。

\* 员工：让直接下属向你报告员工们的最新情况。问问他们谁是有前途的领导者，如何帮助这些有前途的员工发展。同样要了解谁目前表现不佳，如何使他们回到正轨上来。

\* 流程：问问直接下属目前正在进行什么样的工作流程改革，来提高员工工作表现并改善客户体验。

\* 方案：让他们说说他们为提高产品质量和服务而提出的一些倡议。

\* 利润：让他们提供给你他们的财政职责报告，包括销售数据、成本控制和出现的问题等。

这种与下属交流的 4P 模式让我能及时掌握所有的重要事项。某次，埃里恩·华莱士告诉我，她有一种直觉——她的一位经理没有对他所负责的工作尽到应尽的责任，但她不知道如何处理这件事，因为她没有有力的证据。我开始更加密切地关注那位经理的表现，并且我俩最终帮他回到了正轨上来。那位经理现在已经成为迪士尼公司一位非常优秀的领导。

正如我在第三章中谈到的，我经常去直接下属的办公室见他们而不是让他们来我的办公室。你可以从他们办公室的布局设计、他们与别人互动的习惯，以及他们与员工的交流方式等了解到大量信息。因此，还是很值得抽出几分钟时间到别人的办公室去的，你也可以试试。

**4. 组织小型座谈会。** 把员工召集起来一起交流是最有效的收集信息的方法之一。我发现，每组 10 或 12 个人的规模最佳——既可以确保你听到不同的观点，又可以让每个人都感到轻松自在并有充足的时间发表观点。当我召集小组座谈时，我一般会告诉他们："我整个星期都要做出很多决策，而我知道很多我需要知道的事我都不是很了解。因此今天叫你们过来是希望你们能告诉我你们在想什么，如果你们觉得不方便在这个房间里告诉我全部的事实真相，可以去联邦快递金考公司给我发匿名电子邮件或传真。"

为了鼓励员工讲出他们的真实想法，我都会严谨措辞让他们知道，我只是想帮助他们把工作做得更好，而不是要找他们的碴儿。我喜欢问的问题之一就是："你工作中发生了什么让你想离职？"说实话，即使是最好的工作，也总有一些事会让员工沮丧不已以至于他们想离职，而我的问题恰恰是给予他们坦诚说出来的机会。迪士尼公司的一位行政主管（我叫她凯特）有一次回答我，她曾想过辞职是因为觉得自己不被她的领导欣赏和信任——她需要向她的上级论证她做出的每一个运营决策，这使她感到心累不已。于是我跟她的上级经理沟通了一下，让他适当放手给凯特一些自由发挥的空间，减少过分详细的盘查。虽然从那以后事情并不总是百分之百的完美，但是他俩相处得比之前好太多了，而且凯特最终还被提拔到了公司更高的职位上。

有各种各样的方式可以把员工召集到一起，不管是正式会议、社交活动，还是一起吃饭，等等。只要你营造出了一种鼓励大家开放、诚实的文化氛围，任何环境都可以。你可能还会安排一个人帮你在笔记本电脑上做笔记，这样你就可以更加专注地倾听，同时还可以留下更准确的谈话记录。

在形势发生变化的时候，比如当你刚刚接手新职位的时候，这种小型座谈会特别重要。我一般在新接受一份工作后把第一个月都用于调研实际情况。我把我需要了解的关于每个部门的情况都列出一个清单，然后通过与10位经理组成的小组进行座谈来快速了解最新的事态发展。我会问一些类似于"你现在最想为你的部门争取的是什么？"这样的问题。以我在酒店的工作为例，我这样问完以后，宴会部的人会说他们需要在衣帽间提供更多的衣架，餐厅部说他们需要新的银质餐具并供应更多的鲜鱼菜品，客房部希望更换大堂的地毯。于是，我马上安排员工去买衣架、订餐具，并告诉厨师当天就增加两道鲜鱼菜品，还派人去检查地毯。因为经理们看到了我对每个人的请求都反应得如此之快，他们知道了我没有厚此薄彼，后来他们都会让我知道他们工作上的需求。

5. 让员工能放心地向你汇报。当员工信心满满地找到你，想跟你谈一些敏感问题时——比如，影响工作的医疗条件、对同事的抱怨，让他们感到轻松和放心是很重要的。就如我在第三章中建议的，你应该从办公桌后面走出来，坐在他们身边，全神贯注地倾听他们——放下手头的所有，也不要打断他们。一定要让他们感到放松，你才能得到实情。

不过，也要记住，即使你尽了最大的努力，有的员工还是害怕开口。在我意识到这个问题之后，我做了我职业生涯中最好的决策之一：我创建了一个加密电子邮箱和语音邮件账号，这样迪士尼公司的任何人都可以匿名与我联系。我让员工们确信，这个技术能够保护他们的隐私，公司中没有一个人，包括我，能够知道发信人是谁。倘若员工透露了他们的真实姓名，我就会去找他们，但如果这么做让他们感觉不安全的话，我依然会跟进他们提出的每一件事——从交通信号灯太慢到需要立刻关注的安全隐患等。结果呢？我收到的真实信息大量增加。我很高兴的是，现在迪士尼公司领导者使用加密电子邮箱和语音邮件账号已经是一个普遍惯例。

当然，与每个人都建立充满信任与自在的关系，是让员工能够有足够安全感讲出实情的最好方式。一旦你决定这么做了，请一定要在员工主动告诉你事情的时候让他们感到被欣赏，以此来保留这种信任。请务必对他们讲出心里话并表示感谢，无论他们提供的信息是否有用。这种积极的加强信任的做法会鼓励员工以后也能向你保持坦诚。最重要的是，切勿在员工告诉你一些令你不安的事情时去打击他们。记住那只可以产下金蛋的天鹅的故事。如果你让员工因为告诉你实情而后悔不迭的话，他们可能再也不会告诉你实情了。请善待那只天鹅，别吃掉它，也别吓死它。

**6. 调查清楚整件事情的来龙去脉**。请面对一个事实：员工不会总是把你需要了解的所有情况都事无巨细地告诉你。他们撒谎或者遗漏重要细节的情况并不是很多，要么因为他们不敢说出那些令人不快的消息，要么因为讲出实情会使他们自己很尴尬。某种程度上，出现这种情况是与各自所处的位置有关系的。领导者就像父母亲不清楚孩子的所有事情一样不清楚公司的所有事情。回想一下你自己的青少年时期，你有把所有的事情都告诉你的家长吗？没有吧？你的孩子和你的员工也没有把所有事情都告诉你——除非他们完全地信任你。

我很努力地想赢得员工完全的信任，但即使如此，我也不是总能了解所有情况。员工们经常充满信任地来找我，告诉我他们工作不太开心，或者他们对领导对待他们的方式不太满意。但是，我知道那只是个冰山一角，肯定还有更多的实情未被透露。我会继续问一些类似于"还想告诉我其他事情吗？"之类的问题，很多时候，员工在我问完之后才会有点不安地回答："呃，还有的。"然后他们才会将所有实情慢慢说出来。

深入调查事实背后的真相，对于一些需要优先考虑的问题格外重要，比如安全问题。万豪公司的标准事故报告很少反映事故全貌，因此我将自己负责经营的酒店的制度改为：除了填写事故报告外，任何与事故相关的员工及其经理都要来见我，向我准确说明发生了什么。我像朱迪法官（Judge Judy）或任何严厉的法官那样询问员工，以确保以后不再发生类似的事故。很多时候，我能够挖掘出事故背后的真正原因，也能够由此调整运营指导方针及培训程序，避免今后再次发生类似的事故。我在迪士尼公司也建立了类似的机制：每天早上回顾新发生的事故，与相关管理团队一起进行跟进分析、处理。在后续的 18 个月中，事故发生频率降低了 50% 多。

如果你要了解一件事情未被告知的部分，那么当你与员工交流时，就要密切注意，哪些内容被谈及了，哪些尚未被谈及。还要密切注意肢体语言、面部表情、行为变化等反映员工真实想法的细微之处。认真记录，详细询问，深入挖掘——以使人不感到受到威胁的方式——直到你最终获知真相。一旦你这么做了以后，把谈话的重心转到未来上去，一个很好的结尾方式是问"你希望我做什么？"这既能强调你对此事的严肃认真，又能取得实质的改进。无论员工如何回答，你都要确保你很清楚接下来自己要采取的每一个步骤是什么，并贯彻实施。

**7. 回答那些棘手的问题。**切记，领导者的工作不仅是问员工问题，也要回答员工的问题。如果你真心希望员工能够与你以诚相待，你最好也要表明你愿意回答那些棘手的问题。在我的职业生涯早期，那时我还在管理一家繁忙的餐厅，我曾经因为某次会议上无法回答员工们提出的一些问题而感到十分狼狈不堪。从那之后，我努力像那些精明的公众人物在新闻发布会上做的那样：提前预计最棘手的问题，准备好答案，在脑子里预演如何回答。我还学到了很多公众人物不具备的东西：

* 避免使用套话及陈词滥调。它们听起来会让别人觉得你不够真诚，即使你并非如此。

* 不要不懂装懂。根据我的经验，最容易建立信任的回答是：

"我不了解，但是我会了解之后再来回答你。"

* 即使意味着承认错误，也要讲真话。正如我们从水门事件和其他丑闻中学到的，人们可以原谅那些过错，但无法原谅掩盖事实真相的行为。

2004 年，在迪士尼学院®主办的一次领导艺术研讨会上，我主持了三场关于"你不希望员工问你的前 10 个问题"的研讨活动。从与会的大约 1 000 名迪士尼公司领导的回答中，我整理出了 20 个最棘手的问题，然后在会上做了回答，并同时发表在《主街日记》上，公司里的每个人都可以从这种交流中得到一些启发。其实，重要的不是我的回答是什么，而是让未来的领导者为以后他们可能会被要求回答的问题做好准备。从那时起，那些在迪士尼学院®接受过我指导的各种组织的领导者，开始根据他们自己的情况将那些问题适当调整，并准备好回答。以下是一些例子。你又会怎么回答这些问题呢？你的企业中最棘手的问题是什么？

* 为何我这个职位的薪酬不能更高一些？
* 很多事已经不同往日了。为什么要改变它们？我们如何才能恢复已经失去的好的做法？
* 你如何与你不喜欢或不信任的人一起工作？
* 我们怎样才能尊重我们的论资排辈体系，同时又兼顾员工的个人需要？
* 在需要削减医疗保健及其他福利开支的情况下，我们怎样留

住高素质的员工？

　　* 为什么我的医疗保健计划越来越贵，而福利待遇却越来越少？

　　* 为什么我们的首席执行官每年能挣几百万美元而我的工资一点儿都不涨？

　　* 最新的精简工作流程的倡议不是为了减少领导数量而找的托词吗？

　　* 公司以后还继续提供退休金或执行 401（k）退休计划吗？

　　* 工作场所多样化的最大障碍是什么？

　　* 如何提高员工对领导者的信任水平？如何提高领导团队内部的信任感？

　　* 作为一个关注未来发展的年轻员工，我怎样才能在公司中开发事业动力？

　　* 当直接下属询问我们，他们怎样才能得到晋升，而我们还不确定他们是否已经准备好了的时候，我们要如何回答呢？

　　* 如何才能做到既关注员工的完美工作表现，又允许他们有足够的空间从失误中吸取教训？

　　* 处理大型企业的政治问题的最好方法是什么？

　　* 如何才能激励员工全身心投入工作，并做出额外的努力来实现我们的目标？

　　**8. 获取关于你自己的正式反馈意见。** 有关领导者们自身能力及缺点的真实看法或许是领导者们最难收集到的信息。因此，为你公司的每一位领导者建立定期的反馈机制，尤其是关于你自己的反馈机制，非常重要。意见反馈应该从不同的渠道而来，因此，请你的上司、同级和直接下属对你进行匿名评价。

我可以告诉你，以我的个人经验，别人如何评价你对你如何看待自己很有启发作用。例如，我在第五章中谈到，某年对迪士尼公司优秀员工的调查结果显示，我的直接下属认为我在工作中厚此薄彼。我非常惊讶，于是把他们召集到一起，让他们说明一下会对我留有这样印象的原因。第一个人大声说："李，你看起来只重视埃里恩和卡尔说的，却不问问我的意见，似乎我并不重要。"我开始认为这可能只是他个人的印象，但是其他三个人也有同样的看法。"你们可能是对的，"我说，"我觉得很愧疚，我会努力克服这个问题的。"我的确努力克服了这个毛病，结果就是我们团队的工作动力得到了极大的提升。

再次强调，听取反馈意见很重要，但是，假如你对反馈意见不做任何处理的话，听取反馈意见也就没有任何意义了。倘若我反驳员工的关注点、为自己的行为辩解，或者假装在乎却什么也没做的话，员工们将不再尊重我，也不会向我敞开心扉，我也不得不在信息真空中工作。

我们之前提到的那位非营利性公司的首席执行官弗兰克·理查兹在迪士尼学院®的研讨班上听到这条建议后放在了心上。他一回到佐治亚州的公司就立刻召集公司所有员工进行头脑风暴，讨论如何收集最有价值的反馈意见。后来公司形成了一项年度调查的制度——员工们每年都要匿名评价公司的每一位领导者在对待员工、管理员工以及关心员工们方面做得如何。有一年，弗兰克的直接下属反映：当他们向弗兰克汇报工作时，他从不看他们。弗兰克一直都是个很好的多任务处理高手，他感觉他在同一时间内同时做多件事情是最高效的。但当他发现他的做法让他的下属们不安时，他立刻意识到这样做并不总是恰当的。他说："现在当有人来见我时，我都会把所有的事情先放下，关掉电脑，全身心地投入到与来人的会谈中。"那些年度调查，也为他公司的业绩好转发挥了巨大作用。

9. **经常评估你的花销情况**。最后一点：掌握公司进展情况当然意味着掌握公司的花销情况。领导者的一项重要工作就是要经常检查公司发票，了解公司的花销情况。

当我第一次成为酒店经理时，我制定了这样一项规定：部门经理不允许签发票，所有的发票都必须由我亲自签。这样做能够使我直接了解到我们的钱都花到哪里去了。比如，我注意到某个时期我们购买西红柿的开支增加了很多。原因是麦当劳开始将西红柿加到汉堡中，剧烈地改变了全国的西红柿供求比例，造成西红柿涨价。于是，我告诉厨师从我们的沙拉中去掉西红柿。厨师开始不觉得这是个好主意，不过他很快就找到了不放西红柿同样可以让沙拉很美味的制作方法。我们节约了大笔开支，也没有一个客人投诉（现在市面上多数餐厅卖的沙拉都不放西红柿，至少不放好的西红柿）。虽然之前我在报纸上看到了麦当劳在其汉堡中添加西红柿的报道，但要不是我检查采购发票的话，我也不会意识到这对我们公司的业务同样造成了影响。

另一次，我从维护部的采购发票上发现了一些我都没想到的昂贵的消费项目。当我要求查看这些物品时，维护部总监却无法提供，调查后才知道有些员工已经把它们拿回家卖掉了。倘若不是我亲自检查采购发票，我们可能永远都不会发现这桩内部盗窃案。

经常仔细审核公司的财务状况，能让你发现一些不必要或者过度的消费。当出现这种问题时，由你决定削减此类开支的办法——就像我处理西红柿那件事一样。不过，你不需要自己一个人做这种事。假如你聘用和培训了优秀的员工，他们会协助你面对这些挑战。"9·11"事件后的那段困难日子里，当行政主管和经理们绝望地寻找削减开支的方法时，我们号召了一线员工，向他们寻求好点子。他们的回答很让人惊喜。有人提出，可以将大巴线路设计得更高效以节省汽油费用以及降低人工成本。有人建议改变乐园景观：降低除草频率或者只在客户能够看得到的地方种植鲜花。酒吧服务员建议不要扔掉塑料搅拌棒，而是进行消毒、再利用；他还建议把柠檬切成六瓣，而不是四瓣。这些办法让我们在某一方面节省了几百美元，又在另一个方面省几千美元，加起来总共减少了足够的成本支出，使公司在没有让任何一名员工下岗的情况下，依然保持着全速发展。

这就是请求员工们积极思考如何降低成本的力量。但你不必等到危机来了再做这些。我们在迪士尼公司实施了一项政策，号召所有经理和他们的团队设法每年降低一到三个百分点的预算，但前提是采用的任何办法都不能降低客户的体验。在此之前，降低成本的想法几乎都是偶然出现的，而且也不多见。但是，一旦我们要求经理们积极寻找方法降低成本，他们就会不停地努力寻找，最后公司得以节省了大量开支，客户满意度也没有下降。你可以从这个角度想想：你和你的家人肯定希望找到能够减少不必要开支的办法，开始这些办法都带有很大的偶然性——你可能只是碰巧遇到了清仓甩卖或者租车的时候赶上了促销。但是，如果你对你的所有消费都进行仔细的记录核实，并每周减少25美元的开支预算，那会怎样呢？我敢打赌，你能找到很多可以节省开支的地方且不会降低你的生活质量。

我想说的重点是，仔细审查采购发票能帮你省出钱来。毕竟，发票是你实际花销最可靠的记录。倘若你能花时间仔细审查这些发票，你就会清楚地知道公司辛辛苦苦挣来的钱的最终去向，你也能够更好地发现，在不影响公司生产效率及服务质量的前提下降低成本的方法。

无论你在哪个行业工作，决策的好坏取决于你了解真实信息的多少。一个领导者必须像了解自己的家庭那样了解企业的运营情况，必须像了解自己的孩子那样了解员工。千万不要走到说出"我多么希望我早就了解这一切"的地步。

# 行动步骤

* 每天，特别是一天刚开始的时候，到员工工作区和客户区中转转。

* 在工作场所让员工和客户都能找到你。

* 定期从客户及员工的角度体验公司的运营情况。

* 努力探寻在工作场所与每个人都建立轻松自在关系的方法。

* 经常出去走动走动，使员工时刻能接触到你。

* 定期与直接下属交流，讨论与4个P——员工（People）、流程（Processes）、方案（Projects）和利润（Profit）的相关问题。

* 经常举办研讨会，让员工能够告诉你公司的实际进展情况。

* 从员工告诉你的信息中挖掘他们的真实想法。

* 落实员工分享给你的每个创意和关注点，务必信守诺言。

* 向员工表明你对他们的关心、重视、尊重、体贴，并表明你能保守秘密。

* 询问你的经理及一线员工他们在权衡什么。

* 往深处挖掘信息，直到你掌握全部实情。

第九章

**策略七：请仰视你的员工，他们不是打工仔**

在我担任芝加哥万豪酒店餐饮部总监期间，手下负责宴会工作的经理是一位名叫埃迪·托菲格那（Eddie Towfigna）的意志坚定的指挥官。那个时候，酒店在两层楼上同时安排两场分别有 2 000 人和 500 人参加的宴会是常有的事，而埃迪能让每一个环节都平稳、准时地运转起来。他具备非凡的组织能力，具备让 400 人的服务员队伍变得有组织、有效率并能随时处于待命状态的非凡本领。他能轻松地处理好各个细节，让你觉得他是在自己的家中举办鸡尾酒会。有那么一个晚上，当参加两场宴会的客户拥进酒店时，我深刻认识到埃迪是多么的不可或缺。我想："要不是埃迪，我可就完了。"

第二天上午，我给埃迪写了封信，在信中，我赞赏了他的才能，并告诉他我有多么依赖他。我还特地补充强调了一句："如果你有离职的想法，请在做出最终决定前找我谈一谈。"

几个月后，我和我的妻子普里西拉被埃迪和乔伊斯夫妇邀请到他家吃饭。当我进入他家时，我吃惊地看到我给他寄过的信，被装裱得很漂亮，并挂在门厅处一个显眼的位置。起初我有点尴尬，但之后我意识到那封信对他来说是多么的重要，并且能让他感到多么的自豪。我被这一幕深深地感动了。

从那以后，我把表达我对员工的欣赏之情列为头等大事。给埃迪写那封信只花了5分钟时间，这封信真就能让埃迪在工作上表现得更出色吗？也许并不能，因为埃迪的技能本身就十分娴熟。但我坚信，我的那封信确实使他成为一名更优秀的领导者。原因何在？因为他清楚上司的赏识和感激能给他带来怎样的感受，那么从今往后他也更有可能直接表达出他对那些厨师、服务员和其他把宴会办得有声有色的员工的欣赏之情，而他的赏识进而又可能让这些员工成长为更加出色的领导者。

把欣赏、认同和鼓励（Appreciation、Recognition、Encouragement，ARE）合在一起，就可以组成毫无成本的不竭动力源泉，它能够建立自信和自尊、增加个人和团队绩效、保持企业平稳有序运行。由于 ARE 激发了人们的活力和动力，它比让发动机轰鸣不止和让航天飞机翱翔蓝天的推进燃料还要强大；而且，不像石油和天然气这些价格昂贵、不可再生的能源，ARE 的供应是无穷无尽的。无论是在生活还是在工作中，你每天都可以尽情地使用 ARE，第二天一早醒来又可以拥有满满的 ARE 能量。实际上，对于欣赏、认同和鼓励而言，我们使用得越多，它产生得就越多。原因在于，每当人们获得了欣赏、认同和鼓励之后，他们会发现自己身体里充满了不竭的前进动力，同时还会向他人施以欣赏、认同和鼓励之情。

ARE 这种动力源泉与矿物燃料的另一个区别在于：对于 ARE，我们不是在过度地利用，反而是还没有充分利用起来。如果领导者能够像普通大众使用石油那样纵情地运用欣赏、认同和鼓励，那世界将会变得更美好。如果你认为我是在夸夸其谈，那就扪心自问，你有几次会觉得："我得到的欣赏、认同和鼓励已经足够了！

我再也不想要更多了。"而我自己从来没有过这样的想法。当我在研讨会上问大家是否会对自己的辛勤工作和优异成果而感到被过度赞赏时，我总是能听到满屋子的笑声并看到他们都摇了摇头。

与大多数管理者一样，直到职业生涯后期我才认识到 ARE 的重要性，这项经验是我在一次重要经历中学会的。那是在 1973 年，在担任费城万豪酒店餐厅经理 3 个星期之后，我被一些非常棘手的问题难住了。我有几个下属工作表现不佳，其中一人竟认为我应该在他的领导下工作。此外，公司一些考虑不周的营销计划给客房服务部带来了巨大的压力。更糟糕的是，我的工作表现没有得到任何的反馈。我甚至从未见过或听到过我老板和总经理的任何消息。在极度不知所措和没有安全感的情况下，我对普里西拉讲："我认为我一生中最大的失误就是承担了这项工作。"但就在第二天，我收到了一张来自总经理的小纸条，纸上写道：

亲爱的李：

　　很抱歉，自从你来了之后我还没有见过你。我在华盛顿一直忙于几个新项目。我想告诉你的是，我从所有人那里听到的都是有关你工作非常出色的事情。我们很高兴让你加入我们的团队，相信你一定会与众不同。

　　此致

理查德

　　我可以肯定的是，信的原文就是这样，因为我至今还留存着这封信。这封信对于我来说意义深刻，在我最需要的时候，它给了我自信心并带来了极大的鼓舞。事实上，每个人都需要被欣赏、认同和鼓励，而且不仅仅是在困难时期才需要。任何说不需要的人估计只是想被别人认为是很谦虚的。不介意告诉大家的是，无论我有多么的成功，无论什么时候我被领导者欣赏、认同或者鼓励，我总会感觉非常良好。甚至当我担任华特·迪士尼这样一家世界知名公司的高级行政主管的时候，我还会因为老板阿尔·韦斯的一张纸条而备受鼓舞，便笺上写道："李，你是一名优秀的合作伙伴。你干得非常出色，我希望你能留下来跟我一起再工作 15 年。"那张纸条让我感觉很开心。我把它带回家，让我的妻子和岳母都看了，第二天我向阿尔表达了我的感激之情，这就是我说的不竭动力的含义所在。从阿尔那儿获得的欣赏、认同和鼓励让我希望通过好好工作去回报他。

不幸的是，尽管我们所有人都需要欣赏、认同和鼓励，但对于那些为我们工作的员工，我们却没有给他们足够多的欣赏、认同和鼓励。这并非说我们不知道怎样去表达，我们当中的大部分人其实本能地知道如何向他人表达欣赏、认同和鼓励。举个例子来说，当一个孩子在方孔中放入一块方积木时，我们会说："漂亮。"当他在圆孔中放入一块方积木时，我们会说："不错，再试一下。"无疑，我们明确知道维护孩子的信心和自尊为什么会那么的重要，但是我们时常会忘记成年人同样也是需要鼓励的。事实上，在很多商业领域中，当"积木"被放进错误的"孔洞"中时，领导者并不会说"不错，再试一下"，他们往往会打击员工或是用解雇来威胁他们。

永远不要小看你作为领导者所能产生的情感方面的影响。我的行政助理名叫玛莎·戴维斯（Marsha Davis），在她为我工作的几年时间里，我在多个场合中给她专门写过致谢便条。有一天，我发现她把这些便条压在了所有人都能看到的办公桌的玻璃板下。这就是我的赞赏对她产生的深远影响，我想，即便是莎士比亚也不一定能通过一张致谢便条就让玛莎报以忠诚和承诺。实际上，当我在华特·迪士尼公司闲庭信步并走访员工办公室时，我时不时会在员工的办公桌挡板上看到自己发给他们的致谢便条。那是一个令人难忘的夜晚，我在旷野小屋就餐，一位服务员从他的钱包中拿出一张5年前我送给他的便条。可以保证的是，我并不是迪士尼公司唯一一个被员工珍视所发的致谢便条的领导。正因为欣赏、认同和鼓励已经成为公司文化不可或缺的一部分，上述情况在公司非常普遍。无论你从事什么样的职业，也无论你处在哪个国家，你都可以让欣赏、认同和鼓励这三者成为你公司文化的重要组成部分。

如果你对你的员工不抱着欣赏、认同和鼓励的态度，他们就不会给你好脸色，也不会认真对待他们的工作。更糟糕的是，他们可能还会给你难堪，让你下不来台。卓越的领导者对这点很清楚，因此，他们会竭尽一切可能，用真实的、独特的和适时的方式表达对他人的欣赏、认同和鼓励。下面的这些建议将有助于你找到运用欣赏、认同和鼓励的机会，并为你提供了行动遵循。

**1. 与员工们共度有意义的时光。**当领导选择和员工们在一起时，你会惊讶地发现这对员工来说意义重大，不要忽视他们，而是要去帮助他们、了解他们，询问他们的想法和感受，享受与他们在一起工作的日子。员工们都知道你的时间是多么的宝贵，因此，如果你在他们身上花一些时间，就会让他们认为自己是非常受到重视的。

正如我在第八章中说到的，在迪士尼公司任职期间，我把近一半的时间都用在到公司各处走访员工这件事情上面。我请他们带我参观他们的业务，展示他们在服务客户方面的所有好的做法；员工们会自豪地谈起他们工作上的优异表现，或者让我尝一尝他们在菜单上添加的新菜品，抑或带我去一处新修复的景点体验一番。这样的走访活动占据了很多宝贵时间，但是其中的每一分钟都是值得的，因为这不仅让我了解到了更多的信息，同时也让我有了向员工们表达欣赏、认同和鼓励的机会。我给员工们传达了很简单却意义深远的信息："我清楚地知道你们都是不可或缺的。要不是你们，我们肯定是一事无成。"

另外一个很好的与员工们共度有意义时光的方式，就是参与到员工们的活动中去。迪士尼公司的很多部门都会有用于奖励工作先进、庆祝员工退休、庆祝孩子出生、庆祝员工升职的小型聚会。当我被邀请去参加很多这种类型的以及规模更大些的活动时，我都会尽可能地出席。我会把这些活动纳入个人工作日程，只要时间上允许我都会去现场，在这仅有的几分钟的出席时间里，我会向员工们表达我对他们的感激之情。

让我感到惊讶的是，很多领导人都懒得出席这样的活动。显然，他们认为这是浪费时间。我要告诉他们的是，坚强有力的领导者必须做一些意义深远的小事。你认为是什么原因让政治家们在乡镇集会上去抱一抱婴儿和吃糟糕的食物呢？在商业领域，你并不需要拉选票，但你确实对类似于选票的东西有想法：员工的尽职尽责、甘于奉献的精神。为了让员工们忠于职守，你需要让他们明白，你不会让他们失望。出现在员工们的活动现场，足以证明员工们对你的重要性，哪怕这仅仅激励了一个人做出更加出色的工作，这时间也是值得花的。

对于公司外部的活动和官方庆典活动都是一样的。不要认为在一个你几乎不认识的人的生日聚会上出现，或者参与到员工们的保龄球活动中会显得很掉价。必须承认的是，在一天的辛苦工作后，我是不愿意在晚上出去参加活动的，我也不愿意利用周六下午陪家人的时间去参加聚会。但是，除非我的行程安排上有严重冲突，否则的话，我会尽最大可能出席那些邀请我参加的各项活动，并且我还经常带上普里西拉一同前往。这么多年来，我参加过很多深夜聚会，也参加了很多为那些三班轮换、从晚上10点工作到次日早晨6点的员工准备的早餐会。事实上，我非常乐于参加员工们的活动，因为和员工们在友好相处是一种很好的体验。员工们总是很感激我或者我们（如果普里西拉和我一起去的话）选择与他们在一起。

重要的是：作为一名领导者，你会吸引众多目光。我总是发现，看望看望就就业业的员工，问候问候他们的孩子和家属，能够为我和他们之间的关系增添一份个人的关怀，这让相互之间的共事变得更加轻松愉快。而且，仅仅通过露个面，就能够给员工带去极大的欣赏、认同和鼓励。

**2. 记住并能够叫出员工的姓名。** 每当我在华特·迪士尼公司进行日常巡视时，我会尽可能地把所有员工的姓名都记下来。由于需要记住的姓名是如此之多，我开始把这些名字和他们家人的名字以及一些特定的事项都记录在我的黑莓手机上，这些特定的事项包括员工正在参加的课程和他们的未来规划，等等。这样的话，在与员工见面之前，我就可以不断刷新记忆，找到有关某人的信息。如果你觉得记住员工的姓名并不重要，那请回想一下你年轻的时候，某个权威人物叫出你的姓名是种怎样的情形。就在最近，当我开车带着我那结束足球训练的 12 岁的孙子朱利安回家时，我想起了这一点。他对这项运动还很陌生，身体也没有队友那么强壮，因为他年纪还小，而且还跳过一级。在训练中，他往往心有余而力不足。那天，他爬进轿车的时候看上去非常失落。"爷爷，今天我根本无心训练。"他说。我提醒他，他比其他人年纪更小、身体较弱，不要太在意。但这并没有多大帮助，他说他一点儿也不喜欢足球，而且明年可能也不会再踢了。

第二天下午，我去接人时，看到了一个完全不同的朱利安。他非常兴奋地钻进车里，表示又开始喜欢上了足球。他说，那天他有了几次上场的机会，他认为自己表现得很出色。他非常自豪地补充说道："教练知道我的名字啦！"无疑，他从教练那里获得了极大的认同感。

当你能够在人群之中认出某个员工时，你也会看到类似于朱利安那样的变化。因此，不要低估叫出员工姓名给他们带来的情感上的影响。相信我，如果你能说出"你好，汉克"并与他握手，汉克将会有着非同一般的感受，尤其是与你经过他身旁时仅仅挥一挥手相比。

3. **善于发现员工的优点**。正如我已经提到过的，一个优秀的领导者必须在评价员工方面有敏锐的洞察力，并能够对员工们的素质做出反馈。不幸的是，太多的管理者善于指出员工的不足和需要改进的地方，却不善于承认员工们那些本应该得到鼓励的行为。就像优秀的父母一样，卓越的领导者应该强调的是员工的积极性，并且不断地强化这种积极性。他们清楚地知道，员工们在自信的条件下才会竭尽所能地把工作做好。在这一方面，没有什么比领导者对员工的肯定能起更大作用的了。好的心理状态才会有好的工作状态，而欣赏、认同和鼓励能够直接深入员工的内心。这会让他们感觉良好，同时会让他们有"下次我还要这样做"的想法。因此，要训练自己去关注员工所做的正确的事情，而不是那些错误的方面。当你发现了员工好的做法时，快速地强化它，而且如果可能的话要立马进行，因为员工行为和你的认同之间的时间越短，你所表达的信息就会越强烈。同时，你要使得这种反馈更加具体，让员工准确地知道他们正在做的事情是正确的。一句再正常不过的"感谢你的帮助"远远不如"周五的会议组织得很好，非常感谢你为这次会议所付出的努力"来得更有感召力。另外，你要采取一种对于周围环境和员工个人来说恰如其分的方式，来表达对员工的赞赏之情。在某些情况下，看得到的物质奖励——现金奖励也好，授予奖章也罢——是比较合适的；而在另一些情况下，一封私人电子邮件或是一张手写的便条也许就是最好的方式。有的人喜欢热闹，而有的员工则不喜欢站在聚光灯下，这些都是需要好好考虑的。如果你意识到某个员工性格比较内向或是害羞，那就不要以宣布或者给他准备派对以示庆祝的方式来表达对他的赞赏，有很多更安静的方式可以用来感谢他。

我把对员工们贡献的认可作为一项优先考虑的事情，我会用我能想到的各种方式表达我对员工们的认可。在奥兰多的每天清晨，当我进到办公室时，我会将所有客户的来信都浏览一遍，只要有信提到某位员工的优质服务时，我就会把信复印一份，在复印件的一角标注上致谢的话，并附带一枚奖章，然后把这些东西寄给那位员工的经理。为什么不把它直接寄给员工本人呢？因为把它寄给经理意味着这位员工将得到双倍的认可，如果经理在这位员工的同事面前把他表扬一番的话，那他就能得到三倍的认可了。我估计我每个月要将700多份致谢便笺和奖章送到一线员工手上。

关于这些奖章，我设计了几种不同的款式。有两种上面有米老鼠图案，一种上面写着"你创造了奇迹"，另一种上面写着"迪士尼之星"。另外还有一种设计简洁的奖章，主要颁发给领导能力突出的员工，上面没有大家熟悉的米老鼠图案，只写着"领导艺术"几个字。当某位员工在项目有序主导、机制改革实施等方面展现出非常出色的领导才能时，我都在一张个性化卡片上面写上致谢语，并别上一枚"领导艺术"奖章。还有一种奖章，在啦啦队式的金字塔中，有一幅七个小矮人的照片，这种奖章是用来表彰那些在遵守"七项客户服务原则"方面表现突出的员工，这七项原则是我在第六章中写过的。另外，还有一种专门颁发给那些所做贡献被《主街日记》认可的员工，这种奖章上面写着："祝贺你！你在为客户带来欢乐和鼓舞方面发挥了重要作用。"

制作一枚奖章也就花费了一到两美元，但是，如果员工的自豪感能用价钱来衡量的话，那这些奖章就值几百万美元。这不仅仅是鼓励获奖的员工们继续保持良好的工作状态去赢得褒奖；对其他员工而言，这些奖章是一种视觉上的提示，让大家知道公司所倡导的优异表现到底指的是什么。尽管没有要求员工把奖章别在衣服上，但我经常遇到用各种方式佩戴着这些奖章的员工。

迪士尼公司还有其他一些独特的方式去欣赏、认同和鼓励员工。比如，公司有一种名为"识别日常奇迹"的工具盒，可以让领导者在每天的巡视工作中很方便地发现员工的优异表现。盒子中的小工具有黏性的便笺、致谢卡和信封、表扬卡片，以及给那些做出突出贡献，尤其是在安全方面做出贡献的员工发放的特殊物品。作为一种激发工作自豪感的手段，这些造价便宜的物品却像金子一般珍贵。

你的公司有哪些能产生类似情感影响的做法呢？一个看起来很平常的举动，对员工来说可能意义大于一切，并且员工可能会用忠心、奉献和加倍的努力来回报你。对于很多员工而言，仅仅是听到他们的领导者在电话或语音邮件中说声"谢谢"，就能够让他们高兴一整天了。

我知道你肯定会有这样的疑问：这样确实不错，但如果你正好发现他们做错事了，又该如何是好呢？带有建设性的批评本身也是欣赏、认同和鼓励的一种表现形式，前提是你能在正确的时间以正确的方式对待员工的错误。当你使用一种恰当的方式去纠正员工的问题时，你可以说"出于对你的关心，我要告诉你的是如何通过把工作做得更好来释放你更大的潜力"。这样可以表明你对员工的尊重，表明你希望他们获得成功。请记住，对于员工的各种行为，你都要表现得体贴细致、方法恰当和乐观向上。还要反复强调的是：永远不要在其他人的面前去批评某个人。

**4. 公开表彰员工。** 大部分公司都知道在正式的场合对员工表示认同是非常重要的。这也正是各大公司普遍都会举办年终庆典、颁奖仪式和公司聚餐的原因。在这一点上，迪士尼公司也不例外。除了在不同场合给员工颁发个人奖项外，公司还通过一年一度的"员工假日庆典"向所有员工表达敬意。这项活动持续时间远远不止一个晚上，从 11 月底到 12 月初，员工们与他们的家人可以在迪士尼主题乐园免费畅玩，并且能够收到全家福和假日礼物，同时享受专门的餐饮和商品折扣。除此之外，公司各个部门都有一定的预算用来举办一年一度的聚会，聚会活动的时间通常在夏季，地点位于几公里外的一个名叫小布莱恩湖的游乐园。这个游乐园配有游泳、划船和其他运动设施，全年单独对迪士尼公司的员工和员工家人开放。但是，为什么总是把对员工的表彰局限于这种让人觉得司空见惯的活动形式上呢？在合适的条件下，那些理应受到表彰的员工应该在他们的同事面前得到领导的认可。这不仅是对受到表彰的员工的一种积极引导，也是对其他员工的一种激励，让其他员工去效仿这种正确的行为。这样做的另一个作用就是：使得公司上下的经理们能够了解到那些有才能的员工，否则的话，这些员工可能就被埋没了。在迪士尼公司，员工奖励工作被认为是如此的重要，公司甚至编配一个专门负责此项工作的职务，职务名称叫作"员工认可经理"。

有无数的方法可以用来表彰做出突出贡献的员工。例如，迪士尼公司每年都会为 900 名表现优秀的员工颁发"杰出合作伙伴终身成就奖"，以奖励他们在客户满意度、员工优异表现、运营 / 财务工作等某个方面取得的职业成就。获奖者和他们的客户将会在一场豪华的颁奖晚宴上受到表彰，晚宴上不仅有精美的食物，还会有诸如科林·鲍威尔（Colin Powell）这样的名人到场致辞。除了获得一枚别致的合伙人奖章之外，每位获奖者还将得到一尊华特·迪士尼与米老鼠的铜像。为什么是他俩的铜像呢？因为华特和米奇是公司最早的一批优秀合作伙伴。

诚然，颁奖晚宴是一种很好的公开认可员工的方式，但是公开地向员工表达欣赏、认同和鼓励应该成为企业生产生活中的持续性特征。这就是迪士尼公司的高明之处，成千上万来自其他公司的人们把从迪士尼学院®培训项目中学到的东西付诸实践后，都取得了骄人的成绩。比如，我在前面提到过，每一期《主街日记》都会刊发 8 封或者 10 封迪士尼客户的来信，信中描述了他们从某位迪士尼员工那里得到的令人难以忘怀的服务，但远不止于此。迪士尼公司鼓励经理们在交班前的会议上把这些来自客户的表扬信展示给整个团队，并且要当着受表彰者同事的面给他们颁发奖章；其他的客户来信都印在公司范围内每两周一期的通讯刊物《眼睛与耳朵》上。我真的希望能够把所有的表扬信都复制一份，但这种可能性是不存在的，因为我们一周之内会收到数百封这样的表扬信。

我必须强调一下迪士尼公司在运用 ARE 方面还有一种非常好的做法，就是优质的"服务狂热卡"。在任何时候，领导者和同事们都可以填写一种折叠起来的卡片，并把它交给那些为客户带来惊喜的员工。卡片上面详细记录了员工的优异表现，他们可以保留一份卡片的复印件，原件给领导签字。每个月都会有一定数量的卡片被随机抽取出来，一支"巡回表彰队"会到公司各部门去，在一片布满气球、彩带、照片墙的场景中对获奖员工进行表彰通报。你可能无法想象这种小型庆祝活动对受表彰员工来说意味着什么，也无法想象这种活动会对增强迪士尼所代表的杰出表现的品质有多么重大的影响。

最后，这里有一种有效的、令人意想不到的公开表达欣赏、认同和鼓励的方式：私下表达。我这不是前后矛盾吗？不是，我指的是，当某位员工不在场时，你可以向别人表达你对这位员工的欣赏之情，告诉别人这位员工做了一项多么出色的工作，或者描述一下这位员工所完成的特殊事项。这个方法是我在迪士尼公司工作期间发现的。有一天，埃里恩·华莱士告诉我说："听说你在背后说我的好话。"这句话引起了我的注意。从那时起，我总是记得在别人不在场的时候称赞他们。这是一种对积极影响进行正面强化的有力手段，因为事情不可能一直藏着掖着；十有八九，你称赞的人会从别人那里听到你对他的赞扬，其他人也会听到，这样的话，其他人也会希望你称赞他们。

**5. 欣赏、认同和鼓励员工们的家人。**如果你能为员工的配偶、孩子、朋友、合作伙伴以及他所爱的其他人安排一个分享员工受到表彰过程的机会，不管什么时候，请你一定要这样去做。无论何时，都要抓住向员工所爱的人表达感激之情的机会。来自家庭的强有力支持，将对员工良好的工作表现起到潜移默化的影响，员工所爱的人通常为员工献身工作付出了很大的代价，他们确实应该被欣赏、认同和鼓励。在迪士尼公司，员工的家庭成员们经常被邀请到员工受到认可和表彰的场合致辞。例如，为了庆祝安全与健康部门总监弗兰克·伊安纳斯（Frank Yiamxas）获得一项国家级奖项，公司最近举办了一个小型聚会活动。他的妻子、哥哥和父亲都出席了活动，他们脸上展现出的自豪表明他们充分感受到了欣赏、认同和鼓励，这足以激励员工们在以后的日子工作表现得更加出色。正如弗兰克所说："让我的家人到场对我而言具有特殊意义。"对此我感同身受。在我退休时的派对活动上，迪士尼公司的行政主管们怎么都要邀请我的密友和我所有的家庭成员来出席。由于都身在法国，我的三个孙子女德雷斯坦、玛戈特和朱利安无法出席晚会，我的同事们特地制作了一个孩子们祝贺爷爷退休的视频，并在派对现场播放，这使得这样一个特殊的场合更加特别。

　　但正如我所说的，为什么仅局限在特殊场合呢？为什么不偶尔送一份感谢信给那些忠实的员工的配偶，以及对员工来说重要的人呢？毕竟，即便他们没有在你的公司工作，他们也间接地对你的公司进行了投资。这种投资是时间上的小小投资，但它却可以成为员工献身工作的强力支撑。同时，也不要忘记员工家的小孩子们。我最近从我的儿子丹尼尔那里听说了一件事情，他现在也在迪士尼公司工作。一位名叫安迪·那那西（Andy Nanasi）的员工，经过一个月的辛苦工作后，刚刚完成了一个大项目。这个项目让他经常加班加点。当项目最终完成时，安迪说他和他的领导罗宾·蔡斯（Robin Zais）两人因完成了任务而兴奋得手舞足蹈。三天后，安迪的两个分别为 7 岁和 9 岁的女儿，脸上洋溢着自豪的微笑来找他。她们说在信箱中收到了一封来自"罗宾小姐"的信，想要把信读给爸爸听。信中说道："你们的爸爸在一个项目中表现非常棒，而且他工作非常努力。我希望你们俩拿着这些礼品券到冷石奶油店里，带你们的爸爸去吃冰激凌以示庆祝。"

"那真是一个令人难以置信又让人充满自豪的时刻，"安迪说，"它是到目前为止，所有领导给予我的最令人难忘和最好的认可。"这的确是表达欣赏、认同和鼓励的一种绝妙方式，但是如果罗宾在和安迪一起共事的 4 年里没有花时间去了解安迪一家，是不可能有这种效果的。

**6. 认可并鼓励员工的好创意。**我已经说过好几次了，营造一种人人参与的文化氛围，会让企业各个层面上的有益创意竞相迸发。认同这些创意，同时向员工展现自己对这些创意的兴趣，这种做法本身就是 ARE 的一种重要表现方式。在迪士尼公司，采集员工的各种创意是一种工作方式，公司鼓励每个部门找到各自的方法去表彰在收集创意方面做出贡献的员工。以菲尔·赫尔墨斯（Phil Holmes）为例，作为梦幻王国主题乐园副总裁，他创造了一种名叫《你说，我们听》（*You Said...We Listened...*）的 8 页彩印季刊。刊登的内容几乎都是员工们的建议（"你说"），同时还有领导层对每条建议的反馈（"我们听"）。最新一期大约有 60 条建议。比如，"你说"当中有一条是：工程项目需要减少景点设施维护所需的纸张数量。对应的"我们听"是：采用新式手持数据跟踪设备，这将显著减少纸张用量。"你说"的另一条是：客人在皮考斯·比尔咖啡屋内很难看清菜单挂板。对应的"我们听"则是：前移菜单挂板，并增加额外的照明设备。

你还有什么理由不去为你的企业做类似的事情呢？如果你想要得到员工们的支持，你需要认可员工们所做的贡献，无论这些贡献看上去多么微不足道、多么普通平凡。而且，想要向员工们表达欣赏之情的话，没有什么比遵循他们的建议和请求更合适的了。

**7. 给予一线员工更多的欣赏、认同和鼓励。** 我强烈建议，对于一线员工要重点关注。当领导者对员工表示积极的认可时经常会把一线员工忽略，而他们往往最有可能会被降级、谴责和受到客户非议。自从我当上经理开始，我便发誓对待一线工作岗位上的员工要格外尊重。我亲身体会过这些一线岗位的工作要求有多高，因为我自己就做过很多类似的工作。作为一个没有获得大学学位的农家小子，在事业起步之前的几年里，我干过餐厅服务、客房服务、后厨等一系列工作。我知道很多一线员工的领导们用来欺负他们的狡猾方式，我同样知道员工被欺负后将变得不再尽职尽责。他们不再100%地投入到工作中，也许只有50%，甚至更糟糕的是，他们还会通过中伤污蔑、突然离职、起诉公司甚至偷盗等行为对公司进行报复。在迪士尼公司，无论是打扫过道的、擦桌子的，还是卖纪念品的，各个层面的所有员工都会感到自己是这个企业不可或缺的一部分。我对我周围的员工们说："你们代表的就是迪士尼。"他们对此深信不疑，因为我坚信这一点。我还可以担保公司其他领导传递的也是相同的信息。那些遵循这一建议的领导人所面临的员工流出数量和无故旷工现象会少得多，同时他们收获的是员工的忠心耿耽和全身心工作。而所有的回报都将在可衡量的商业成就中体现。

因此，一定要像对待上级一样尊重那些在一线工作的员工，即便在你必须对他们进行管束或者解雇他们的时候。你可以很严厉，你也可以直言不讳地批评他们。但是，你应该使你的一线员工知道你与他们一直是站在一起的，对于他们为企业所做的一切，你都非常感激。

8. 把欣赏、认同和鼓励作为日常工作中很自然的一部分。我先前已经说过，卓越的领导者都是看重环境的人。如果你想吸引并留下最好的员工，你必须为他们创造一个良好的环境。我可以向你保证，"欣赏、认同和鼓励"对于健康向上的工作环境而言，就如同干净的空气和水对于绿色无污染的地球一样重要。我们没有任何理由不去向他人充分地表达欣赏、认同和鼓励。相信我，我听到过很多的托词，但没有一个是起作用的。有的领导者说他们只是不太习惯于面对面地向员工表示赏识，因为这种情绪活动会使他们感到不自在。假如确实有这种情况的话，那就请用诸如便条、奖章、证书、印刷品和其他不需要直接与员工交谈的形式。依我的经验来看，当你见识了"欣赏、认同和鼓励"的功效之后，你很有可能会想亲身感受一下，向员工当面表示认同和欣赏所带来的愉悦。还有一些经理担心如果员工得到的表扬过多会使他们变得骄傲和懈怠。这简直是胡说八道。在当今时代，胡萝卜相对大棒来说是更好的激励因素。正如我在对行政主管们的演讲中所说的，如果你认为埃及人要是没有把奴隶塑造好，金字塔就不会被建造起来的话，那你就得三思了。如果他们能更好地对待那些工人的话，也许埃及金字塔的完工时间会更快，建设成本会更低，逃亡奴隶的数量也会更少。这些年，我还听到过这样的借口："如果我说了某个员工干得不错，之后他的工作表现每况愈下，导致我必须辞退他，要是出现这种情况该怎么办呢？我对他的认同可能被他用作起诉我的证据。"这同样是毫无依据可言。如果你给予员工的只是负面评价，他们也可以很容易地利用这一点来对付你，或者他们会因为不被欣赏而离职。因此，防止员工工作成效出现下降的最好方式，就是向员工们大方地表达欣赏、认同和鼓励，这就是让一个优秀的员工变得更优秀的办法。

请记住，奖章、奖品和专门的庆祝活动都很棒，但日常的生活中的欣赏、认同和鼓励也同样富有力量，甚至在很多方面会更有效。当你与员工进行沟通交流时，要牢记"所有员工都有的4点期望"：

* 特殊感受。
* 独立个体。
* 尊重。
* 博学。

如果你能够把这4点变成你个人自然而然的一种行为，那么普通的工作场所就会转变为一个特别的地方，你也会被公认为是一个关心员工的、鼓舞人心的领导者。为了帮助你记住这件事，你可以把它写到你的日程安排中去，或者无论采用什么办法，把它列入自己的任务清单中就行。每天，我都要在个人工作计划上写下我要致意的员工名字，不仅是那些表现出色和贡献突出的员工，还有那些因为身体伤病、亲友去世、小孩学习困难等需要额外支持帮助的员工。记住，对有些员工来说，充满爱心的工作场所就是他们的一处避难所。

**9. 注意你的言辞。**说话很重要。因此，请确保你在工作场合的言辞包含着你对员工的欣赏和尊重。最近，我和弗朗西斯·赫塞尔本一起参加了一个领导艺术研讨会，她是美国女童子军前首席执行官、现任领袖协会会长，同时她还是《赫塞尔本谈领导艺术》（*Hesselbein on Leadership*）这本书的作者。作为世界上公认的、最富成效的领导者之一，弗朗西斯说了一段让我大为赞赏的话："你最后一次听到有人说'我恨不得当一名下属'是在什么时候？"在她的观点里，像"下属"这种常与"部下""下等""低下"等含义联系在一起的时代已经过去了，它应该被"同事""伙伴""团队成员"这样的词所取代。

不要低估语言选择的力量。语言的进化是缓慢的，有时很难用脍炙人口的说法来替换大家所熟知的词汇。但是，如果你能找到那些让人不喜欢的词语的替代词，或者你能想出一些体现公司精神的词语，那么你的员工将会觉得自己更受尊重、更受赏识、更有价值。

当我从比尔·马里奥特的公司辞职进入迪士尼公司时，他教会了我很多有关欣赏、认同和鼓励的强大力量。他亲自给我打电话，告诉我公司对我的评价非常好。他说他打心眼里不愿看到我离开公司，但是我既然决定了要离开，他便祝我一切顺利。我永远不会忘记他的仁慈友善和体贴入微，他经营的公司资产有数十亿美元，却抽出时间给我打电话，还给我送上祝福，这正是他被认为是美国最伟大的商界领袖之一的一个原因。

正因为我向比尔这样的人学习，一年当中我估计我向迪士尼公司的七八千位员工表达过欣赏、认同和鼓励，他们每一个人在受到鼓舞后，工作水平都变得更高了，这种举动带来的成效是非凡的。请记住，欣赏、认同和鼓励具有很强的感染力，从你那里获得欣赏、认同和鼓励之后，员工会向工友、同事和客户传递更多的欣赏、认同和鼓励，它不仅是一种免费的力量源泉，更是形成创造奇迹的文化氛围的主要因素。

# 行动步骤

* 与你的员工和直接下属们共度有意义的时光。

* 参加并出席员工的活动。

* 记住员工的姓名并向他们说声谢谢。

* 向你所接触到的每一个人表示问候。

* 请意识到你的存在和你与员工进行互动交流所产生的影响。

* 找到庆祝员工个人成就和胜利的方式，同时不要忘记向他们的家人、朋友和亲人表示祝贺。

* 衣服口袋里随身携带几枚奖章，用于向员工表示认可。

* 当员工做出正确的事情时，一定要确保让他知道。

* 经常性地关注员工的行为表现。正面也好，负面也罢，都要迅速做出回应。

* 当场指导和培训员工以更好的方式完成工作。

* 不要容忍员工的不良表现或是忽视员工工作绩效方面的问题。

* 对员工的进步和出色的表现进行公开和私下的认可。

　　* 训练你的团队去了解什么是看起来出色的工作表现。

　　* 使用日常工作计划来提醒自己每天都要向员工表示欣赏、认同和鼓励。

　　* 多说鼓舞人心的词语，使员工拥有被尊重的感觉。

# 第十章

## 策略八：创造领先条件，让员工更有归属感

《迪士尼卓越领导力策略》一书的开篇这样写道："这是一个急剧变化的时代，只有善于学习的人才能传承未来。即便是知识渊博的人也会发现，他们储备的知识只适用于转瞬即逝的世界。"也就是说，卓越的领导者必须是终身学习者。

当今这个瞬息万变的世界，与时俱进相当重要。无论你在哪个行业，从事何种业务，假如你不与时俱进——从社会与文化的发展，到技术上的突破，再到全球的新闻——你的竞争对手都会狠狠地把你甩在后头，客户也会弃你而去，而且你也将因此无法胜任领导职责。

以服务行业为例，那些不在每个房间提供无线网络以适应数字时代发展要求的酒店，很快就会失去大量客户和大笔收入。那些不提供低脂肪菜品、无过敏原料和无烟区，以积极响应人们对健康及营养的日益增长的担忧的酒店，很快就会落后于同行。华特·迪士尼世界®度假区餐厅的厨师们能够紧跟营养与口味的发展趋势，并及时更新菜单中的菜品，这是迪士尼餐厅在全世界一直享有良好声誉的一个原因。当顾客看到我们的菜单中增加了寿司与精致的素食，以及推出了为孩子们特别设计的健康餐时，他们脸上的喜悦我一直记忆犹新。最近，迪士尼公司宣布了一项关于新的营养指导方针的倡议，我在离开公司之前也参与了这项倡议——所有主题乐园售卖的食品都要限制热量、脂肪和糖分，而且杜绝反式脂肪酸的添加。

我想说的重点是，假如你想成为一名优秀的领导者，你就必须走在时代前列，而不能不可救药地成为落后于时代发展的"恐龙"。这就意味着，你必须不断地汲取知识，密切注意你周围发生的一切，并不断扩大你的参照系，这样你才能以新的、更好的方式来提升你的业务。也就是说，你必须与时俱进。

**1. 像海绵吸水那样汲取知识。** 当有人问投资大亨沃伦·巴菲特（Warren Buffett）日常工作中都干些什么的时候，他说他把大部分时间都用于阅读——不只是阅读公司的报告和商业杂志，还有报纸、图书及其他出版物。为什么呢？因为他不仅要了解行业新闻和数据，还要了解来自全世界的信息，才能做好关于投资增值潜力的决策，我对此深受启发。以我的经验来看，优秀的领导者总是与时俱进——不仅在其行业内部，在更广阔的外部领域也一样。

科学研究其实也支撑着我的这一观点。我之前读过一篇文章，里面说道：那些懂得很多知识、拥有很多经验的人在生活中更成功。就在上周，我还刚看到一个研究报告，报告称，那些经常阅读的人更容易成功，因为阅读有利于激发人的创造性。同时，报告还披露了一些令人担忧的数据：只有 19% 的成年人每天阅读报纸，美国男性平均每 3 年才会阅读完一本书。

所以，如果你想比别人更有竞争优势，那就阅读，阅读，再阅读！阅读物不只限于行业出版物，还要读日报，订阅《时代》《新闻周刊》或其他新闻类杂志，读小说和科幻读物，上网读你感兴趣的博客和文章。假如你的直觉告诉你要深入探究某些东西，那就去做吧。你会惊奇地发现，那些看起来与你的工作无关的信息可以滋养你的心灵，并帮助你做出更好的决策。这样的阅读肯定让沃伦·巴菲特受益匪浅。

要充分利用各种媒介——电视、广播、电影、流行音乐以及其他你能想到的任何资源，而不是仅仅局限于文字信息。每天早上在卫生间刷牙时收听广播，就能够让你在开始一天的工作前领先一步。晚上收看新闻或其他传播信息的电视节目，能够为你增加你留待第二天解决的问题的知识。当你出差、商务旅行，或者度假、与家人出行时，请充分感受各种体验。你永远不知道你的下一个好想法从哪里来。当我四处走动注意到了某个事物时，我会不断地问自己："假如我也采用这个创意，再加以调整，能否将其有效地运用到公司或者我生活中的其他领域中？"

比如，几年前，阿尔·韦斯要求我们设法解决酒店客户经常抱怨的前台入住登记太慢的问题，当我第一次在机场看到无线遥控装置被用于提高出租车登记速度时，我就想："我们度假区能不能也引入这项技术呢？"后来我提出："利用这项技术，我们在客户乘坐大巴前往酒店的路上，就帮他们办理好入住登记手续，这样客户一到达酒店就可以直接入住了。"目前，迪士尼已经开始着手实施这个创意。当它被完全实施时，不仅能够丰富客户的体验，而且能够为迪士尼公司节约一大笔前台劳务开支——这些费用又可以用于其他方面继续改善客户的体验。

还有一个关于迪士尼的奇迹快递项目的例子——利用技术创新，解决了客户度假的另一个大麻烦：搬运行李问题。根据计划，如果客户要入住迪士尼酒店，迪士尼在他们离家之前，就会给他们邮寄带有条形码的行李标签，客户在机场办理好了行李手续后，就不用再管自己的行李了，行李会直接被安全地送至客户入住酒店的房间里。客户到达奥兰多机场后，不需要像以往那样去行李领取处找自己的行李，而是直接去设在机场的迪士尼接待中心，然后统一乘坐豪华大巴直达迪士尼度假区就可以了。客户度假结束离开时也能享受这套服务。他们在离开酒店前就可以办理行李登记手续并收到登机牌。这套无缝服务的收费是多少呢？零！它对客户是免费的，为迪士尼公司带来的投资回报却是难以衡量的。

类似上述的改进与提高的前提是：领导者们必须对新知识持开放态度。可是，太多的领导者只有在其经营业绩下滑或是遭遇某种困难后才有动力去学习。当一切运行良好时，他们安于现状，停止学习。所以，请每天都像海绵一样不断地汲取知识——无论情况是好还是坏，千万不要等到形势逼人了才迫不得已去学习。

**2. 弥补你的弱项。**几乎没有领导者天生就具有实现卓越的全套技能与天赋。但是，聪明的领导者知道他们的弱势，并会努力提高自己。史蒂芬·柯维在他的畅销书《高效能人士的7个习惯》中提到的一个习惯是"把锯子磨锋利些"。意思是说，如果你想不断地表现出色，就必须不断地提高自己的技能与知识，就像砍树之前要先把锯子磨锋利一样。你的锯子有多锋利呢？你上一次磨锯子是什么时候呢？切记，除非你用一次锯子就再也不用了，要不然只磨一次是没有任何意义的，磨锯子应该是一个不间断的过程。倘若你的知识未紧跟时代，倘若你在工作的某个方面不再像从前那样擅长，你就应该一次又一次地磨你的锯子。如果你知道自己的弱项是什么、哪些方面需要改进，那么这就是机会。如果你不知道，那就去问问你的经理、你信任的同事、朋友甚至配偶或者合作伙伴，请求他们告诉你实情。

这里有一个帮你弄清楚你需要学习什么、提高什么的好方法——对照第四章我提及的四种能力，看看你自己达到了什么水平：

\* 技术能力：你是否正在拓展和精炼你的技能基础？

\* 管理能力：你是否会定期地提高自己对环境的控制和组织能力以取得最大经营成效？

\* 科技能力：你是否有跟进新技术以运用于工作中，使你能更快、更低成本地完成你的工作并提高客户和员工的满意度？

\* 领导能力：你是否还在继续学习更多的关于领导艺术的知识？

一旦你知道了自己的弱项在哪里，就请立刻采取行动来改进它们，投入热情，讲究方法，勤奋学习。请忽略你脑中时而冒出来的一些声音——比如，"没有这些技能你也可以做好的"或者"你已经来不及赶上时代了"等。我不知道老古董们怎么样，但是我可以非常确定地告诉你的是：有经验的领导者总是在学习新的东西，那些创造奇迹的领导者一直不停地关注着那些能够给他们带来竞争优势的新知识。切记，那些最重要的技能在你能够驾轻就熟之前往往都是最难的，因此面对挑战不要退缩。

　　给你讲一个我自己的例子。我过去非常害怕进行公共演讲。事实上，因为我太害怕当众讲话以至于忍不住身体发抖，所以我在大学演讲课程的第一堂演讲实践课后，当晚就退掉了这门课。因为这次挫败的经历，我把当众演讲的想法都抛在了脑后。后来，1979 年，也就是我 35 岁那年，我那时已经是万豪酒店的一名行政主管了。有一次，市场部总监请我在一个会议上做一个 30 分钟的演讲，我说："好的，没问题。"可是，我根本不知道如何去演讲，因为我很多年都没有当众发表过演讲了。我只好把要演讲的内容都写在一张黄色便笺纸上，然后逐字逐句地念。某个时刻我瞥了一眼台下的听众，我从他们的眼睛里清楚地读懂了他们的想法："快停下！别念了，请不要再惩罚我们了！"

　　我又继续念了好一会儿。当我走下讲台时，只有一些礼节性的掌声，我觉得胃疼，直到现在，只要想到那天的情景，我心里还是会像那天一样难受。我当时想：如果我以后再也不需要演讲的话，那就太幸福了！不过，我知道，只要我还希望我今后的事业能够继续发展，我就必须学会高效地表达自己。倘若你不能站在众人面前，以一种鼓舞员工去做必须要做的事情的方式阐述你的观点，那么你就连最简单的领导工作也做不了。

　　所以，我决定要掌握这项技能。很幸运地，比尔·马里奥特的岳父罗伊尔·伽夫（Royal Garff）当时正在犹他州大学教授演讲课程，他愿意为我提供帮助。他给了我职业生涯中一些最好的建议：（1）不要"演"讲，要讲故事；（2）举你自己的例子，无论是关于你的家庭、你的狗的故事，还是关于你丢自行车的故事；（3）不要让别人替你写演讲稿；（4）不要说你自己都提不起兴趣的事情。我谨记他的建议，开始在员工面前练习讲话。不久之后，我就能从容自如地在我参加的慈善组织的小组面前发表讲话了。最后，我鼓起勇气在业务小组成员面前做了一个关于"领导艺术与时间管理"的演讲——你可以从这本书中发现，这两个都是我非常热衷的课题。我引用了自己的例子和家人的故事，这次演讲取得了很大的成功。

慢慢地，我能够越来越驾轻就熟地在公众面前讲话了。在公众面前讲话是一件让很多人（包括以前的我在内）比对死亡还害怕的事情。区别在于：你无法学习如何避免死亡，但是你可以通过学习变成一名出色的演讲者。现在，我每周都在成千上万的人面前做演讲，想听我演讲的人太多了，我几乎快满足不了听众对我演讲的需求了。我现在不但擅长演讲，而且热衷于演讲。即使如此，我依然在不停地学习。我会认真观察出色的演讲者，并从他们身上学习有用的东西，我经常让自己接触新信息、新观点并挑选出合适的材料充实到我的演讲内容中。就在今年，我还去迪士尼学院®参加了一个为期 3 天的关于如何改进健康护理机构的服务的论坛，我学了很多知识以至于我都可以充满信心和权威地向健康护理专业人员发表演讲了。

这件事又给了我另一个重要启示：不要仅仅局限于学习与你当前职位有关的知识，还要去全面了解你所处的整个行业。或许你现在并不需要用到所有的信息，但是广阔的知识面能帮助你晋升到更高的领导职位。而且当你确实获得了晋升并要承担更多的责任时，你所了解的全面信息能让你更好地领导下属、教导下属以及与同事合作。以我自己为例，虽然我一直在运营部门工作，但是我也很重视销售、市场开发、财务及其他业务知识的学习，因此我能够更好地训练员工，并帮助其他部门履行职责。而且有时候，我学到的知识不仅是在工作中，也让我的家庭生活获益不少。

举个例子，有一次我觉得我应该更好地了解为我工作的厨师们，于是我报名参加了一门法式烹饪课程。在12周的时间里，我星期天的大块时间都在学习烹饪，我还在家里练习学到的东西。结果，我不但理解了厨师们需要什么才能做好他们的工作，而且也给家里人做了很多美味可口的饭菜。（不过，我最终还是在他们吃腻奶油和黄油之前放弃了做饭。）

**3.掌握商业基础知识。**每一位领导者和每一位有抱负的领导者都应该学习商业基础知识。即使你现在的职责不涉及预算管理或向股东们解说财务报告，但将来某天总会涉及这些的。因此，无论你现在处于什么职位，了解商业运作的规律将会使你成为一名更加出色的领导者。

你知道你的业务单元的战略计划吗？你看过你公司的年报吗？你知道如何解释预算报告吗？你熟悉推动业务的指标和促进管理决策的措施吗？你了解你的部门需要做哪些工作才能赢利，或者你部门的财务状况与公司全面运营状况是否相适应吗？假如你不了解这些问题的话，就尽快去调查学习。倘若你只是不了解部分情况，就去问问别人。

另外，不要只了解你自己公司的情况，将整个行业的、国家的乃至世界的经济当成一整个体系去学习。倘若你从未学过经济学入门课程，那就报名参加大学进修课程。学金融、学人力资源管理，学习它们与你所在行业的关系。每天阅读报纸上的商务与金融版块。订阅《财富》、《福布斯》或者《商业周刊》杂志，或者上网浏览在线版本。

4. **向最优秀的人学习**。找出那些最擅长做你或你的团队正在做的事情的人，并对其进行深入研究。举个例子，倘若你发现你很难激励你的团队，就去找那些因为善于激励团队而出名的人，观察他们的行为，与这些人以及他们的团队成员交流，从中了解到他们是如何创造奇迹的。此外，不要只将目光盯在大家都想得到的地方，可以拓展到你所在行业领域以外的地方。举个例子，如果你经营一家超市，你或许可以通过逛一家时尚用品店得到一些关于如何展示食品的创意。反之亦然，如果你经营一家服装店或五金店，你或许可以通过逛美食商城来得到一些关于货物摆放的启发。

我想说的重点是：无论你做什么业务，只要别人做得出色的，你都应当全方位了解别人为什么做得好。通过不停地观察和学习那些佼佼者的长处，你自己也能经营得越来越好。我在万豪酒店工作时，公司正处于扩张期，建设了很多更大规模的酒店，打算进军大型会议、宴会和各种小型会议承办领域。那时候，凯悦国际酒店集团是我们的主要竞争对手，它因经营宴会及大型会议非常专业而声名远播。于是我参观了几家凯悦酒店，想了解它们是如何运作的。我到处转了转并详细记录下了每件事——从他们的银质保暖锅，到楼层布局，再到服务员的行为举止。

接下来，我拜访了我之前在华尔道夫－阿斯托利亚饭店工作时

的老板尤金·斯坎伦，他是最早教育我要向优秀者学习的人。我在
第二章提到过他，他曾经为了提高华尔道夫饭店菜品的质量，派我
到 6 家不同的熟食店去品尝熏牛肉、腌牛肉、卷心菜沙拉、番茄沙
拉和泡菜。我拜访他是为了让他帮我合计合计购买什么设备比较好，
我们在华盛顿特区新开的一家 JW 万豪酒店需要设备。应他的邀请，
我在华尔道夫饭店待了两天，仔细调查了饭店配备的每一件设备。
我在那两天里了解了大量关于高质量设备的信息。

　　我没有就此止步，我接下来考虑了如何把我了解的相关信息运
用到酒店的特别需求当中去。于是，我又花了差不多一年时间比选
要购买的新设备，我甚至还跑到远在韩国的生产商那里，去了解世
界领先的公司都在使用哪些设备，以及如何根据客户需求量身定做
设备。到那年年底，我已经成为宴会服务设备方面真正的专家了。
结果呢？华盛顿万豪酒店开业就取得了巨大成功，看到一场又一场
漂亮的婚礼以及讲究的公司会议的举办，我内心涌起无限自豪。

　　在我之后的职业生涯中，我总是告诉经理们，要经常去学习与
他们的业务领域相关的佼佼者，并找到更好的做事方法。在迪士尼
世界®工作期间，我曾听说丽思－卡尔顿酒店在代客泊车方面做得
非常出色，于是我让某些经理去学习学习。他们不需要在那里过夜，
只是让专人帮他们停车、喝点东西、用一下卫生间、在大堂坐一会儿，
或者观察一下登记入住及结账的程序。不出所料，他们从中得到很
多灵感——不仅仅在停车方面，回来以后运用到了自己的工作中。

　　的确，你也可以通过阅读行业杂志、参加行业会议以及类似的
方式得到启发——并且，你应该尽量做这些。但是，哪一种方式都

无法取代亲身实践，也都比不上亲身实践获得的启发大。可能是因为置身于真实环境下我们的内心会以一种不同的方式工作。但是，不管原因是什么，我始终认为到最优秀的地方去亲身体验是激发新思维的最佳方式。当你注意到一些有趣的事物时，无论它看起来距离你的业务领域有多远，你都要问问自己："我怎样才能把它运用到我的公司中去呢？"

5. **向竞争对手学习**。虽然你和你的公司可能做得不错，但是你的竞争对手可能也做得很好。假如他们做得不好，你就可以从你的对手那里学习一下哪些事情的做法是不对的。所以，请密切留意你的竞争对手。有一天当我在奥兰多一家会议酒店走走看看的时候，我偶然遇到了认识多年的酒店总经理。他问我在那里做什么，我告诉他，我只是在了解我的竞争对手状况如何。他吃了一惊，但令我更震惊的是，他说他还从来没有踏进过迪士尼公司酒店的大门，要知道他在此地经营多年了。我在心里暗自说："他浪费了多好的机会啊！事实上，正是他好奇心的缺乏使迪士尼获得了优势。"几周后，我被邀请到他的这家酒店参加联合慈善宴会。这可是一个观察竞争对手的绝佳机会，我自然立刻接受了邀请。不出所料，我刚到门口就学到了一些东西。从酒店大门到宴会厅的每道门旁边，都有两三位服务员问候来宾并询问是否需要特殊饭菜，其他服务员则已经站在餐桌旁，帮宾客拉出椅子方便来宾就座。在大部分宴会上，当来宾到达时，服务员们一般都在厨房干等着。我对这家酒店的这个简单做法如此印象深刻，以至于我一回到迪士尼酒店，就将它付诸实施，并且将我自己的一些想法也加了进来：宴会结束后，服务员要返回门口，欢送并感谢准备离去的客户。

**6. 与跟你合作的人保持良好关系。**有人曾建议我：要在你确实需要一位律师或者医生之前，就尽早结识一位好的律师和一位好的医生，因为当你确实需要他们时，你们已经建立起了良好的私人关系，他们会更好地帮助你。我接受了这个建议，并且我每年都在华盛顿特区的罗伯特·布里（Robert Blee）医生那儿做身体检查，已经坚持了 28 年。我们俩建立了良好的私人关系，因为我非常信任他，我情愿每年花钱乘飞机去他那里体检，顺便看看他。他了解我的一切——从我家庭的医疗史到我 1980 年时的体重，而且他经常给我提供保持健康的新方法。他聪明、专业并总是紧跟所在领域的发展，因此他总有很多想法。

我与我的专业同行们也保持着良好的关系。其实，我非常确定，我现在所从事的公开演讲和咨询工作能够如此顺利的主要原因是，我与多年来在酒店业圈子里所结识的人保持着稳固的人际关系。当我从迪士尼公司退休开始我的新生意时，我的联系人列表中已经有 1 200 多人。他们可不是与我只有过一面之缘的人，我一年当中会与他们当中的大部分人联系好多次，并且我一直在帮助其中的某些人。他们以前向我提供创意和建议，帮助我发展我的业务，他们现在继续提供的教诲也很有帮助。这就是人际关系的力量。

打造良好的职业关系网，就像进入一所师资优良的终身学校，你可以在其中不断地学习新知识。请把与同行建立良好关系看成一种职业需要，并在不管是你还是他们有职位或工作方面的变化时，也要尽可能多地保持联系。当然，找到一些理由不去参加一些行业会议或者贸易展览会并不难：你太忙了，你更想和家人待在一起，旅途太劳累，等等。有很多领导者都犯了这么一个大错误——他们不亲自去参加这些活动，而是派一些职位低的同事去。他们这么做不但失去了学习的机会，而且还会失去与优秀者联系的机会。在迪士尼公司工作的所有日子里，无论何时我看到奥兰多举办我感兴趣的会议或贸易展览——有时甚至在纽约、芝加哥、亚特兰大或其他能去的地方，我都会将其信息记录在个人工作计划表中并提前几个月就安排好。我太忙了，到了会议举办的那天，我有时也免不了不想参加了。不过最后我一般都是很庆幸我去了，因为我巩固了已有的关系网，还认识了一些新的朋友。这里提供两个帮助你克服不愿参加这些活动的小建议：一是将其加入到你的日程安排中；二是购买不能退款的机票。

**7. 研究客户心理。**你知道在华特·迪士尼世界 ® 被问得最频繁的问题是什么吗？既不是"怎么去最近的洗手间里？"也不是"我怎么去'梦幻王国'？"，而是："'下午 3 点钟游行'是什么时候？"你没看错，就是"'下午 3 点钟游行'是什么时候？"，但它不是一个类似于"谁埋在格兰特的坟墓里？"这种冷笑话般的问题，当客户问这个问题时，内心是想知道"下午 3 点钟游行"队伍什么时间到达他们所在的位置。迪士尼公司的领导者和员工太了解他们的客户了，所以每个经过培训的员工都对这样的问题不感到意外，也没有谁会耻笑客户问出这样的问题。反之，他们会这样回答："游行队伍到达这里的时间是 3 点 12 分。如果你就站在那儿的话，你的孩子能够清楚地看到灰姑娘。"

很显然，领导们需要了解他们的客户。但是，他们需要了解的东西并不总是那么明显，在这些方面，客户问卷调查及其他类型的市场研究就相当重要了。不过，这还远远不够。客户们都是人，你需要了解什么能直击他们的内心深处。在迪士尼公司，我们称之为"客户至上学"。

"客户至上学"是关于客户喜欢什么、不喜欢什么、想要什么、不想要什么的研究。我在前面的章节曾经提到，可以通过不同的方式收集信息——现场的或者网上的问卷调查、全公司范围内的评价调研、员工与客户互动过程中收集口头意见并将有价值的发现直接汇报给经理。但是，迪士尼做的还不止这些，我们还研究一些与偏好及模式有关的具体数据，如人流量、交通利用率、设施使用率和其他重要因素，以提高资源的利用率。除此之外，对于一些还在评估中的特定项目，如儿童健康餐或者快速通道系统等，经过培训的专家们还引导 8 到 10 名游客志愿者成立小组去收集反馈意见。我们还在度假区的酒店大堂及主题乐园的出口处设置面对面访谈，询问客户当天的经历和感受，这样就做到了当天出现的问题当天解决。举个例子，假如相当一部分客户反映卫生间不够干净或度假区等候检票时间过长的话，相关责任经理就会直接收到信息，然后立刻整改。每年总计有 100 多万人次参与调查，他们提供的信息，让迪士尼公司的服务越来越好。

不要被这个术语束缚了你，你不是非得经营一家酒店或一个度假区来练习"客户至上学"。毕竟，收集准确、可靠的信息，从而为客户提供更好的产品和服务才是我们的目的。每一个企业都应该这样做。所以，请利用各种可用的方法来收集有关客户心理的各种信息，而且确保你公司的每个人都可以使用你的研究成果。

8. **遵循指南**。华特·迪士尼公司的"客户至上学"其实结合了人口统计学与心理图案学——前者告诉你客户的一些事实信息，比如，他们来自何处、乘坐何种交通工具、家庭成员有多少等；后者则告诉你他们的本质需求是什么。在迪士尼公司，心理图案学就像是研究客户内心的圣杯，它由被我们称为指南要点的四个部分组成：需求、愿望、成见、情绪。那些计划到迪士尼世界®游玩的人们的需求是什么？度假。那些度假的客户有什么愿望？很多很多东西，最主要的是充满乐趣、没有麻烦的旅程以及终生难忘的回忆。他们对迪士尼有何刻板印象？研究调查的正面印象：干净的设施、礼貌的员工、有趣的时光等；负面印象：排长队、高价格等。还有，客户在迪士尼世界®会体验到什么情绪呢？通常是一天玩下来之后感到很兴奋、刺激又很疲惫。

倘若你也想保持行业领先地位，我强烈建议你无论花多少时间和多少资源，都要认真研究"客户在与你的公司打交道时会有哪些需求、愿望、成见和情绪呢？"这个问题。你不需要考虑你在哪个公司才能回答上述四个问题。比如，假如你从事卫生保健工作，你的客户的基本需求就是医疗护理；他们的愿望很可能是恢复健康并且没有痛苦；他们对你们的负面成见就是冷冰冰的、不友好的服务态度以及可能出现的医疗事故；他们会经历的情绪既包括期待，也有对未知和痛苦的害怕。通过分析这四个要点，你就能更好地了解客户的内心，然后你就可以启动招聘、培训、流程制定和制度建立等各方面的工作，来超越客户的期望。

**9. 开阔视野。**1985 年 11 月，我被提拔为万豪公司的副总裁，负责所有万豪酒店和度假区的食品饮料工作。这项工作需要去全球分公司查看相关的设施，它改变了我看待世界的一般方式和看待工作的独有方式，给我留下了永久的印记。我在墨西哥做两家酒店的项目工程研究时，三天的大部分时间里，我都跟开车带我的人在一起，但他一句英语也不会。我们几乎无法用语言交流，因为我那时候也就只会两三个西班牙语单词。于是，我们通过相互展示各自儿子的照片熟悉起来，不知怎的我们最后竟然完成了对我们构成竞争性的同行酒店与餐馆的考察，我也了解了会影响我们在墨西哥经营的相关产品和服务。此外，我们在一起非常愉快。我从这次经历得到的启发，可以推广到任何商业情景中——只要你愿意努力寻找，你总能找到与谈话对象之间的共同关注点，并开启话题。

在万豪酒店工作的那些年，我从我在世界各地飞来飞去的经历中学到了许多经验。或许最重要的一课就是与不同种族、文化、民族、宗教信仰的人打交道。我很快发现，世界各地的人们本质上都一样——我们都在努力过上体面的生活，我们都在努力为我们的家人做得更好，我们都为自己的文化和祖国感到骄傲。我们可以阅读一切关于人类共性的知识，也能够强烈地感受到人性，但是亲身经历让这些知识从大脑融入内心和血脉中。这改变了我在之后的职业生涯中处理多元化问题的方式。去往世界各地的旅行也让我学到了我所在行业的很多专业知识，这为我随后担任酒店总经理提供了帮助。我之前从未管理过酒店，但是，我在世界各地入住过多到数不过来的酒店，也享受过世界上一些好的酒店服务，这些是在教室里无法学到的。后来，我迅速地将酒店的服务调整成客户喜欢的做法，这些做法是我从个人经历中学到的。我将健身房改为全天 24 小时开放，因为我亲眼看到旅行者们有时不得不很早锻炼或者很晚锻炼。我还在前台旁边加了一个售卖杂货的柜台，因为我知道当商店关门而客户买不到急需用品时有多沮丧。我们也在客房里提供咖啡，并提供快速自助早餐，因为我知道商务出差的客户早上的时间总是非常紧张。我们的客房里也配备了大号熨衣板，因为我体验过在迷你熨衣板上熨衣服有多讨厌。虽然我说的这些服务在现在的酒店业中已经很常见，但 20 多年前当我开始提供这些服务时却是很少见的。

这就是扩宽你的参照学习对象带来的好处——开阔你的视野，让你看到更好的工作方式。不过，你也没有必要为了扩展你的参照系而飞遍全世界，你在任何地方都可以扩展——只要你愿意接受新事物，去不熟悉的地方。例如，开车上下班时走不同的路线这样你就能看看其他街区是怎样的；带家人去不同类型的饭店吃饭，并点一些你们从未品尝过的菜品；看一些发现频道、学习频道或者大众电视节目，而不是总看你习惯看的节目；租一些外国电影来看；听听你的孩子们喜欢的音乐或者翻翻他们的课本。你上一次去博物馆是什么时候呢？某天晚上，普里西拉非要拉着我去观看一个博物馆的开幕式，在那之前我已经很长时间没有去过博物馆了，我那时压根儿就没想到要找什么商业创意。不过，看到那些展览，我想到了一些能够使迪士尼世界®的自助餐及餐桌中央装饰更有趣、更有吸引力的好创意。举个例子，我们在某个餐厅里撤掉了保暖锅，取而代之的是用砖块及其他充满乡土风情的材料制成的灶台，厨师们当着客户的面在这些灶台上烹制食品。这个创意取得了很大的成功，那我是从哪里受到启发想到这个创意的呢？一幅油画！在这幅油画中，一个牛仔在野外的火堆上烤制食物。

我想说的重点是，无论你去哪里、从事何种工作，都要多留意、多观察。很多方式都能收集信息，不只是分析数据和阅读报告才可以。很多绝妙创意的产生就像钓鱼：你在越宽的水域钓，就越有可能钓到好鱼。因此，请开阔你的视野，始终对外界事物保持开放态度。很快你就会发现——从通勤火车，到城市公园，到理发店，到购物超市，甚至到更换汽车机油的商店——到处都能让你产生灵感。

**10. 引领你的员工在同行中领先于人。**不止你一个人要始终保持学习。我已经在前面多次提到，支持其团队成员不断学习进步是领导者最重要的职责之一，因此，请鼓励你的员工多参加他们职业道路上必须进行的培训以外的活动。让他们去参加各种会议及研讨活动，为他们推荐书籍，向他们推荐一些可去的地方和可见的人，并让他们逐步养成在生活中多注意周围环境的习惯。你或许还可以像迪士尼高级运营副总裁唐·罗宾逊那样做——亲自带员工去一些地方。唐曾亲自带领几个总经理到亚洲最好的一些酒店去体验学习，他让这些人站在客户的角度来亲身体验最高水平的服务，他们从中体验到了好服务的更多可能性，然后回到奥兰多改进自己的工作。

请确保你的直接下属都清楚地知道你把学习也认作是他们的一项职责，并帮助他们接触到绝妙创意以及优秀的鲜活实例。这种理念已经成为迪士尼文化不可分割的一部分，并且为公司带来了收益丰厚的创意。纪念章的销售就是一个例子。1998 年，乔治·卡罗格雷迪斯，当时迪士尼科幻中心的副总裁，与两名同事一起去日本长野冬奥会参观一个我们认为对迪士尼世界®很有借鉴意义的展览。虽然他们非常喜欢这个展览，但是真正让他们注意到的是，数以百计的人在交易奥林匹克徽章。这些人来自世界各地，大部分人相互之间语言不通，但是他们通过面部表情和手势沟通得很顺利。而且，他们不仅交易奥林匹克官方徽章，还有很多 IBM、可口可乐和柯达等一些公司的徽章。后来发生的事情就可以写入企业历史了。第二年，当"迪士尼未来世界"举行千禧年庆典时，我们商店里也摆满了迪士尼公司自己的纪念徽章。迪士尼那一年卖出的徽章价值约 300 万美元。而那只是个开头！看到这些徽章如此流行，我也开始戴着一条别着纪念徽章的挂绳在迪士尼世界®走动。这下好了，很快地，几乎每个人，包括很多客户，都戴上了挂绳。那几个机灵的同事从冬奥会上带回来的小创意已经成为公司文化中不可分割的一部分。不管是在客户那里，还是在员工那里，抑或是在股东那里，这些纪念徽章都大受欢迎，每年纪念徽章的销售额可达几百万美元，而且看起来这种受欢迎度并不会衰减。此外，顺便提一下，纪念徽章热销现象也让我有了一个好想法——为员工创造出特殊的容易识别的徽章。这里提到这个，只是想说明伟大的创意还能激发出另外的伟大创意。

本章结束前，我想评论一下美国陆军为了保持在同行业领先地位所做的领导工作。我这么多年来与很多组织以及这些组织的领导们密切合作过，但是几乎没有哪个组织能像美国陆军这样让我印象深刻。美国陆军经常邀请公司和非营利领域的领导者，来帮助它探索满足其需求的最好的领导力实践方法。他们这样做是为了在这个多元化、充满变化的世界里保持领先，你也应该这样做：通过学习更好的领导方式，不断保持领先。美国陆军清晰地将其使命表述为："为国家提供领导者风范，为共同的防卫而服务。"这就是陆军之所以成为陆军的原因所在，它还清楚地知道，为了成功，它必须使其各个水平的人员都要做好准备，以备不时之需。你的企业也能够做得这么好。

在这个快速变化的世界里，始终跟进新的信息以及文化发展趋势，对新的工作方式始终保持接纳学习的态度，对领导者而言至关重要。还记得《推倒重来真难》（*Breaking Up Is Hard to Do*）那首老歌吗？的确，紧跟时代也很难，但同时也令人振奋。而且，你也必须紧跟时代，因为你别无选择。毕竟，如果你不紧跟时代发展，你就会落后；如果你落后得太远，你最终将会迷失，再也没有人能找到你。

# 行动步骤

* 紧跟当前行业、企业、文化和社会发展趋势。

* 发现最前沿的服务和产品。

* 亲自体验最好的服务和最好的产品，反思你的亲身体验并据此采取行动。

* 进行"最佳实践的旅行"——向那些名声在外的公司学习。

* 去参加合适的会议、阅读合适的杂志、认识合适的人士，紧跟你所在行业的发展变化。

* 建立强有力的职业关系，去结识专家并与他们多保持联系。

* 践行你自己的"客户至上学"，找到使客户满意的方法。

* 经常询问你的员工公司可以在哪些方面做得更好。

* 扩大你的参照系，抓住每一次机会尝试新事物。

* 多在网上搜索信息，以激发新的创意。

* 以积极进取的方式收集竞争对手的服务和产品的相关信息。

* 鼓励团队成员时常关注他们职责以内和职责以外的事情，并公开肯定他们的贡献。

第十一章

## 策略九：领导说者无意，但员工听者有心

我职业生涯早期刚当上行政主管的某天早上，我正要去上班，普里西拉对我说："李，请谨言慎行，员工们都在注意你，评判你。"从那天之后，我便一直按照她的建议去做，她的洞见对我产生了巨大影响。我每天早晨开车去公司，停好车以后，我都会深吸一口气，然后以真正的专业人士的姿态去努力工作一整天。从那时起，我还时常引用我妻子的这句话。事实上，我认为，这可能是任何一名领导者能得到的最好的一条建议。

就像父母的一言一行，就是孩子的课程一样，领导者也必须每时每刻都表现出恰当的行为，因为无论我们喜欢与否，别人都在注意和评论着我们，我们也时刻在用我们的言行影响着他们——不仅当我们发表演讲或主持会议的时候，而且当我们走过办公楼的走廊时、离开停车场时，或者当我们用手机给孩子打电话时，等等。所以，我们必须每时每刻都表现得无可挑剔。"当你开始上班时，"我总是这样告诉别的领导者，"想象一下一幅巨大的红色帷幕已经拉开，你现在就站在舞台中央！"所以，请表现得专业一点，请像百老汇的精彩演出那样去表现，这样你就会走上成功的征途。假如你的言行表现得不专业，你的事业就会失败。

成为专业人士和表现得专业之间有着显著的差别。什么意思呢？这么说吧，所有的医生、律师、首席执行官等，都是专业人士，但是，其中很多人表现得不专业，而许多邮递员、前台接待服务员和卡车司机等却完美地表现出他们的专业性。换而言之，专业化并不是根据工作名称来定义的，也不是能力高低的问题。你可以做着一份体面的工作，但依然算不上真正的专业。真正的专业主要是指你对外表现出的态度、行为举止以及形象。

到最后，该讲的故事都讲完了，那么，作为一名领导者，关于你本身的故事就会非常重要。因为它们决定着你的名声，而名声是你唯一拥有的东西，就像我妈妈过去常常说的"你必须保护好自己的名声"。如果你损害了自己的名声，你就会失去可信度，没有可信度，你就会失去别人对你的信任——这可是领导者最需要的一样东西。切记，你在每个认识你的人那里都会有不同的名声。请努力在每个人那里留下好名声。

真正的专业化人士会以其行为来证明他们是值得信赖的。这就是管理好你自己的人生故事如此重要的原因。如果你没有写下你自己的故事，你周围的人就会填补这个空白。把你自己想象成一个品牌，你想推出与哪个品牌类似的产品与服务呢？据此来帮助你认真思考一下自己打算塑造出一种怎样的职业形象。我一直希望我的品牌像雷克萨斯一样——即使已经跑了很多里程，还是一直可靠、强健、高效，始终保持优异表现。就像我还一直开着我那辆1993年出厂的雷克萨斯轿车那样，我永远不需要担心它的表现。

你的品牌代表什么呢？是优异，是正直，还是可信？专业化人士不仅应当具备这三种品质，还应该具备更多品质，并且他们会将这些品质内化成他们的人格，并体现在其职业生涯的每一刻。这里有一些帮助你成为完美职业人士的建议。

**1. 对你的工作表现出满满的激情**。激情可能是在成就一个伟大领导者过程中发挥作用最大的一种人格特质。激情能够推动人们达到超乎他们想象的高度。激情能够为你的身体增加动力，使你注意力集中，使你内心热血沸腾。激情能够帮你感染周围的人。人人都喜欢追随激情饱满的领导者，因为激情的领导者能够用使命感鼓舞他们。毕竟，假如没有人追随你，你就无法领导别人，此外，假如你没有实现目标的激情，也没有人愿意加入你的队伍。

我很自豪的是，自从华特·迪士尼世界®度假区推行卓越领导力策略以来，从一线员工到最高管理层的每个人脸上都洋溢着激情。他们不仅仅是喜欢自己的工作，他们是热爱自己的工作！他们不仅关心自己是否做好了工作，他们还为工作奉献自己！他们每个人都十分在乎自己每天的工作，这种在乎转化成了全力以赴实现卓越服务的动力。

真正的专业化人士是如此热爱自己的工作，以至于他们早晨一起床就充满了工作激情，渴望处理一天中的挑战。他们富有热情，他们乐观向上，他们把为公司和团队做出贡献当成荣耀，他们的激情感染着其他人去创造超乎想象的优异成绩。对那些不知道自己是否在合适位置上的领导者，我的建议是：看看你每天早上上班的时候是否像晚上下班回家那样兴奋。假如你发现，自己不再有动力开拓新项目或者进行大胆创新，而且你回家的时间越来越早，你大概需要重新评估一下你所处的状态。回顾我的职业生涯，当我感到失去激情的时候，我都会积极地寻求不同的职位。而且，我可以问心无愧地说，在迪士尼公司工作的每一天，我都是早晨 5 点钟愉快地起床，确信我能够创造奇迹。

与此同时，真正的专业人士非常清楚耗尽精力以及生活事业失衡的风险，所以他们会在工作时间尽可能地投入以便将工作做好——一分钟也不多做，一分钟也不少做。很多人都说要有职场生活和个人生活，但现实是，你只拥有一种生活，而优秀的领导者总是激情满满地对待生活中发生的一切。

2. 去做有助于你完成工作的事情。敬业的专业化人士会去做任何能够更好地完成工作的必需事务。这可能意味着周六日或者晚上都要加班。如果是在危急时刻，可能还意味着一周 7 天每天都要工作。大体上，这意味着无论何时何地需要你的领导、经验以及职业专长，你都要在场。而且，它还意味着你要花时间来提高技能、做研究、出差以及我在前几章提到过的其他一些事。这样，你才能知道企业的发展状况、发展人际关系，并保持在同行前列。对于领导者而言，这意味着鼓舞他人也这样做。切记，你领导的人都在观察你，如果他们看到你努力地做好每一件事，他们也会以你为榜样，全力以赴。

在我成为斯普林菲尔德万豪酒店总经理后，我很快发现，我们酒店的大部分问题都在夜间或者清晨出现，因为我们的大多数顾客都是商务旅行者，他们一般都在下午 4 点到晚上 8 点之间登记入住，早晨 9 点之前结账退房。因此，我尽力做到在大多数顾客起床之前到达工作岗位。但我无法白天和晚上都连续工作，这只能解决早晨的问题，晚上遇到问题的时候，我需要老练的经验丰富的领导者在场。很快地，我就留意到客房部经理多林·罗宾逊（Doreen Robinson）比其他任何人——甚至包括我在内——都更加熟悉客人和酒店的情况，她显然是最佳人选。

问题在于，她喜欢白天工作。我本来可以安排其他人，酒店中还有合理的人选，而且我也可以从其他的万豪酒店招聘某个人来负责此项工作。但是，我从感情上和理智上都很坚定地认为：多林就是最适合这项工作的人。我没有钱来提高薪酬以打动她，也无法创造一个头衔更有声望的新职位。但是，我能唤醒她的职业精神。我告诉她，白天我是酒店总经理，我需要她晚间时段来担当总经理的职责。我承认，她需要做一些牺牲来调整作息时间，但我承诺这种安排只会持续几个月，这几个月内我们将培养夜间经理来担负更多的责任。我还提出，这项工作对她而言将是一次宝贵的学习经历，就像我在职业生涯早期经历的不规律的倒班，对我也是一种学习经历一样。这种新的经历就长远的事业发展来看，远比单纯的补偿更重要。

多林本就是一名完美的专业化人士，不用我多费口舌，她认识到，通过夜间时段的工作，她能够为我们设定的酒店目标做出十分有价值的贡献，她的事业也能因此受益。于是她接受了晚上工作，我晚上就可以安心睡个好觉了，因为我完全信任她的判断能力以及她对公司的强烈责任感。而且，对于多林自己，她短暂的牺牲也获得了回报，她后来当上了人力资源部总监，这个职位充分发挥了她优秀的人事管理技能，使酒店所有的员工都受益，这个职位也让她的工作和生活更加平衡。实际上，我最近刚收到她的来信，她仍在斯普林菲尔德，为万豪酒店创造奇迹。

**3. 设定高标准。** 真正的专业化人士总是不断地提高标准，并帮助他们的员工超越这些标准。不仅如此，他们还会设定越来越高的工作表现期望值，以此激励员工们为自己设定更高的标准。然而，他们也不是不切实际的人，他们设定的标准虽然高但也是可以达到的，这些标准指向工作业绩和工作成效，因此他们能让员工为达到这些标准而努力。所以，如我前面几章提到的，请确保你自己非常清楚每个员工的职责是什么、权限是什么、他们又需要为谁负责。请准确告诉你的员工，假如他们达不到业绩标准会发生什么，并准备好帮那些表现不好的员工取得进步。

我还记得艾利斯·马里奥特（Alice Marriott）和 J. 韦拉德·马里奥特（J. Willard Marriott）——万豪公司的共同创办人，早先对我的一些教诲。曾经，马里奥特夫人对我说："李，假如你再不改进这家餐厅的饭菜质量，我就打算撤出我的股份了。"但是，她并没就此了事，因为她密切地关注着公司的一切，她还花时间教我如何制作美味的辣椒酱——用斑豆代替菜豆。

她的丈夫韦拉德也密切地关注公司的动向。1975 年的一天，他指着我的姓名牌，上面写着：李·科克雷尔，餐厅经理，然后问道："科克雷尔，你是这儿的经理吗？""是的。"我回答道。他说："那你为什么不剪头发，然后有个经理的样子？"那一天是我留着 20 世纪 70 年代风靡一时的长发的最后一天。我学到了：有时候时尚与专业化无法共存。而且我还认识到了更重要的东西：马里奥特夫妇非常关注他们的公司，也非常关注我，因此，他们能够坦率直白地告诉下属他们的要求是什么，而这也是领导者们必须要做到的。

更重要的是专业化的领导者还为他们自己设定高标准，并且让大家知道，以此来做出表率。我在前面的章节曾提到，我过去担任酒店经理时，习惯于在酒店菜单上粘贴金黄色标签，好让不满意的客户能找到我，这种做法不只是帮我了解了餐厅哪方面做得好、哪方面做得不好，还极大地提高了我们全方位的服务水平。为什么呢？因为员工们看到我给自己设定了高标准，也相应地提高了他们自己的标准。我给酒店员工也分发了名片，并告诉他们，假如他们担心他们的经理没有处理的安全问题，全天24小时都可以给我打电话。实际上，我从未接到一个这样的电话，因为这些名片本身就能够督促他们提高安全标准，经理们也更加积极地回应员工们担忧的问题。

4. **拥有积极向上的态度**。你永远不会听到一个真正的专业化人士发牢骚、抱怨或找借口。你也永远不会看到他们无精打采、悲观厌世或绝望无助。这并不是说他们拒绝承认事情进展不顺，相反，他们总是立足于现实，即使他们有时也会幻想，他们的幻想也是基于事实的。他们都以积极的态度克服挑战，他们也从未停止寻找问题的解决方法，即使别人即将放弃。倘若你想看看真正的专业化精神是如何表现的，那就去看一些最佳的足球教练在他们的团队已经没有希望取胜的时候是如何表现的吧。他们在场边昂首阔步，下巴上扬，精神振作，他们尝试新的方式，采取新的打法，他们绝不允许他们的队员心存侥幸而不全力以赴。

领导者奠定了整个团队的情绪基调，因此领导者时时刻刻表现出积极进取的态度是非常重要的。我在职业生涯中学会了永远不要低估微笑的威力。你无法想象微笑会对你领导的员工产生多大的影响。当然，在忙碌又充满挑战的工作时间里，时常想起微笑不是一件很容易的事。但是，请想想，如果你愁眉不展地走路或者满脸愁容地盯着地面，你将传递出什么样的信息呢？就像优秀的父母不把坏情绪展示给孩子一样，优秀的领导者也从不在别人面前表现出负面情绪。负面情绪不但会损害你的声望，而且也会引发员工的担忧与恐惧，而不是带来乐观情绪。

积极态度的塑造不能简单停留在面部表情和行为举止上，你在与他人交谈时也应当保持乐观积极。真正的专业化人士在聊到他们的同事或者上级时不会用消极的语气，他们也不会被闲言碎语影响。不管你去哪里工作，你一定会看到工作流程上的问题、组织架构上的不足以及所有的人性缺点。请想尽一切办法，发现问题，大声说出问题所在，然后提出解决问题的建议。但是，不要只是坐在那里向束手无策的人大倒苦水，而应该采取合适的行动，以积极向上的态度去解决问题。我保证，别人会注意到你的积极态度，并且在他们处理问题时也会像你一样积极地应对。就像激情可以感染他人一样，乐观积极的态度也会感染他人。

**5. 注意并塑造自己的职业形象。**无论是明文规定，还是企业文化使然，每一个行业领域以及每一个公司都有特定的外在形象风格。以迪士尼公司为例，员工还未开始正式工作之前就要明白，他们必须遵守公司对外在形象的特定标准和要求，包括服饰、发型、文身等。真正的专业化人士不仅会遵守公司的各项制度，而且还会非常认真地去做。

假如你想看起来像个真正的专业化人士，你不仅要穿得职业化，也要留意你全部的行为举止。也就是说，你要注意你的姿势体态、你的特殊习惯和你的面部表情；你要每时每刻控制好自己的行为，当事情进展很糟糕时，也不要发脾气或者生气，而是通过其他方式发泄郁闷。就像普里西拉说的，员工们随时都在注意着你，无论你的内心感受如何，都不要在员工面前露出声色。你必须每时每刻都表现出色，员工们才愿意聚集在你身边、追随你并向你学习。

**6. 无论是否有人注意你，都要以专业精神做事。** 即使没有任何人看着他们，真正的专业化士也都能以合适的方式做合适的事情。这就意味着，你不能做兼职的专业化人士，你不能只在有人注意你的情况下才表现出专业化精神。

我是在费城万豪酒店工作时亲身体会到了这点。公司总部的行政主管们，包括首席执行官比尔·马里奥特，每过一段时间就会临时通知我们，他们要来酒店视察。每次这些重要人物宣布要来的时候，我所有的员工都会疯狂地东奔西跑以迎接领导的视察。我非常震惊，因为他们的做法不但浪费时间，而且还不诚信，也显得不专业。假如我们的工作场所时刻准备得当，我们为什么还要专门为了特殊的来客而准备？毕竟，比尔·马里奥特总是突然造访，也正是为了让大家时刻准备好，他希望客户看不见的区域也跟公共区域一样整洁有序。所以，我改变了规定：所有的一切都要时刻保持干净有序，要达到我们随时都能够自豪示人的程度。从那时起，酒店时刻看起来都井然有序，就像我们要迎接满车的重要人物来访一样。

切记，你的员工不仅留意你的行为，还观察你周围的环境，并根据他们看到的评判你。你可以尝试一下迪士尼学院®在它的培训项目中所运用的一个练习，任何行业的任何人都可以试试这个练习。闭上你的眼睛，把自己想象成一名去你的工作地点参观的人或一名客户。当你头脑中浮现这一场景时，你都看到了什么？工作场所看上去吸引人吗？干净整洁吗？员工们看起来是专心致志还是心不在焉？是全身心投入还是厌倦不已？是激情满满还是无所事事？切记，真正的专业化人士总是有意识地用外在形象、行为举止以及工作环境传递出他们很专业的信息。所有的细节，都能反映一个人专业与否。

7. **树立主人翁意识**。树立主人翁意识意味着对你所在企业的每件事都充满责任感，即便有些事情严格来讲并不是你的职责。主人翁意识自从华特创造第一个迪士尼主题乐园起，就成了迪士尼文化的重要组成部分。举个例子，每一个人——从纪念品销售人员到高层管理人员——都有义务保持乐园及度假区每一区域的清洁卫生。因此，员工们只要看到了垃圾就弯腰捡起是迪士尼再平常不过的场景，员工们还将这种行为命名为"迪士尼小铲"。我也不会忘记我曾经听到一位客房服务员把她为客户准备好的房间称为"我的房间"时的那种喜悦心情。她把那些房间看成是她自己的一样，并以整理好它们为荣，她真是一位真正的专业化人士。所以，无论你现在处于何种职位，请对你所在企业的每件事都树立起主人翁意识，并且教会你的员工们也这么做。

8. **保持幽默感**。真正的专业化人士都努力在工作场所营造出轻松愉快的气氛，因为他们知道，快乐能够激发出人的最大潜能，而紧张则会抑制潜能的发挥。他们热切真诚，但不忧郁，他们专心追求结果但不冷酷无情。真正的专业化人士对待工作非常认真，但他们不会把自己看得太重要。他们对自己充满信心，让人如沐春风，所以他们没有必要故作姿态或者炫耀身份。他们喜欢看到员工们快乐地完成工作。

所以，请用幽默来让工作场所变得轻松活跃，帮你的员工打破单调乏味和千篇一律。创造惊喜，开开玩笑。相信我，我在"地球上最快乐的地方"工作，不过，运作一个如此大的公司也不总是笑声一片。若不是迪士尼的领导者优先把营造轻松活跃的工作氛围放在首位，幕后的迪士尼世界®很可能也像其他写字楼和厂房一样严肃刻板。在迪士尼，灰姑娘、米老鼠或其他迪士尼人物形象时不时地会出其不意地突然出现在工作间或客户服务中心，让员工们笑语连连。一位行政主管也可能会在总统日装扮成乔治·华盛顿或在圣诞节装扮成圣诞老人的模样来到工作场所，使员工们轻松一笑。我时常告诉我们的领导者："假如我们心情不愉悦，我们就不可能将工作做到最好。"

认真对待工作职责，但不必过于认真到使工作成为单调乏味的苦差。不要深受那种"经理们必须一直让员工们埋头苦干才像样"的过时观念的荼毒。这种观念是不对的，假如你创造了一个使员工能够面带微笑地工作，甚至回到家还能与家人分享一个搞笑故事的工作氛围，他们的工作才会高效得多。某一天，我问迪士尼的一位行政主管瑞勒斯·卡特（Rilmis Carter）假如他离职会是因为什么，他回答道："我的工作不再有趣。"而他并不是唯一一个有这种感觉的人。

**9. 做一个出色的合作伙伴。**真正的专业化人士都明白：那些取得伟大成绩的人与那些失败的人之间，以及那些给后来者留下积极传统的领导者与叹息着退出舞台的领导者之间的一个巨大差别，就在于能否与别人有效合作。对任何人而言，良好的合作关系都不是天然形成的，但真正的专业化人士都会努力培养我下面将要谈到的一些技能。

真正的专业化人士能保证当他们的合作伙伴想见到他们时能联系得上自己。他们会快速回复合作伙伴的电话或电子邮件，对于别人的问题，他们会迅速反馈。他们对于富有建设性的反馈意见持开放态度，当他们需要帮助时也能谦虚地请求合作伙伴帮忙。反过来，他们也不吝啬用自己的时间和业务专长去帮助合作伙伴。而最重要的是，他们信守做出的每一个承诺。

在迪士尼公司与阿尔·韦斯合作共事 13 年的经历，让我深刻体会到了专业的合作关系的真谛。我很早就了解到他是一位可靠的合作伙伴，我想他也是这么看我的。我们合作如此顺利的一个重要原因，就是经常通过私人会面、电子邮件、语音留言，甚至包括在他办公室门下塞便笺的方式让对方知道彼此的任何事情，无论好坏。但更主要的原因是，阿尔是一个非常棒的合作伙伴——与所有真正的专业化人士一样，他能站在个人角度去尊重和关心员工。在很早以前的一天，我告诉他我打算取消一个会议，因为我妻子生病了无法去接我们的孙女，我必须去接她。阿尔说假如我不取消会议赶快回家的话，他才会感到非常不安。我那时就知道他有这一品格。

真正的专业化人士还会避免与合作伙伴竞争，而是真正地与他们合作。他们努力建立和谐关系，并且努力避免将这种和谐关系转化为敌对关系。我是在万豪酒店供职时经历了一段痛苦的经历才认识到这一点的。那时，我与其他三位副总裁关系不睦，导致我没能成功被提拔为负责餐饮工作的高级副总裁，因为他们的投票对结果影响重大。升职的失败令我幡然醒悟。每每回想起我找回了勇气和职业精神去修复与那三位副总裁之间的关系，我就高兴不已，因为倘若我没有这样做，我的事业很可能会走上一条完全不同的道路。从那时起，我首先努力做到不要树立敌对关系，即使当我不得不与我不尊重或不信任的人共事时也是如此。

毫无疑问，业务观点上的冲突和差异是无法避免的。专业化人士能够时常敏锐地注意到一些不好的苗头，并迅速找到解决方法来消除紧张，恢复信任，让所有相关人员都满意。他们能明智地看出关键问题所在，将精力集中放在对最终结果有真正影响的问题上，而不是揪着细枝末节的分歧和烦恼不放。记得有一次，一位更高级别的行政主管叫我去见他，因为我的一项决策影响到了他的职责范围，他对此感到不快。即使在我详细地解释了我做出这个决策背后的原因后，他也不同意。但值得称赞的是，他说他愿意假定我的决策是对的，并维持我原有的决策。他本可以运用他的权力推翻我的决策，但他却没有这么做。为什么呢？因为他与我已经建立起了长期的、有力的、相互信任的合作关系，而且他将这种合作关系以及公司的利益放在他的个人利益之上。这就是专业化人士的表现。

**10. 保持谦虚。**我喜欢做领导者，喜欢影响别人，也喜欢利用我的权限来取得工作上的成效。但是，从我职业道路上一路走来，我学到了：优秀的领导者也是优秀的服从者，他们懂得何时该指明方向，何时该站到一边，无论他们在公司的职位有多高。真正的专业化人士不仅尊重权力和职位比他们高的人，也尊重权力和职位比他们低的人。他们是知道如何将团队目标置于个人愿望之上的完美团队成员。

我最近与吉姆·柯林斯（Jim Collins）共同参加了一个领导艺术研讨会，他是《从优秀到卓越》（*Good to Great*）一书的作者，他的研究成果和著述深深地影响了商业领导者的思维方式。吉姆认为，卓越领导者的一个关键特质就是谦逊。在他的广泛研究中，他发现，卓越的领导者——他称为"第五层次的领导者"——对于工作都是雄心勃勃的，但对于个人私利却不是雄心勃勃的。他们对自己的使命以及与他们共事员工的关注，远远大于对他们的股票期权的关注。

也就是说，专业化人士绝不会因为自己的个人利益而阻碍做对组织有利的事情，因为你喜欢掌管并不意味着你总是应该掌管，你喜欢由你做主并不意味着你应该让所有事情都由你做主。真正的专业化人士有一个内在的陀螺仪，让他们能够正确平衡好，大胆自信与谦逊。他们充满力量和自信，却又不傲慢自负。假如你想成为一名专业化人士，你也应当培育这种平衡机制，否则你将不知道何时该坚持自己、何时该退让妥协。

有时，在危急时刻，一个领导者要做的事情很简单，只需要接受并信赖命令和指挥策略。但是，在艰难时期为了当老板而当老板，是最糟糕的事情——特别是当你周围有能干的、懂你不懂之事的人才时。专业化人士更注重的是结果而不是他们自己的形象。由于懂得什么时候该谦卑恭让，他们会被认为是强有力的领导者，并得到更多的崇拜。"9·11"事件以后，我退到后台，让卡尔·霍兹和埃里恩·华莱士站到舞台中央，因为他俩拥有我们当时更需要的专长。虽然我作为负责迪士尼世界®运营工作的领导者拥有更高的职位，但我那时候要做的就是赋予他们权力，让他们尽其所能。我们3个人最终出色地带领运营团队度过了那段极其艰难的时期，这归因于我们把彼此看成是合作伙伴关系，而不是老板和下属的关系。

谦逊是专业化素养的重要组成部分，但是在工作中，对领导者而言，保持谦逊无论如何都不容易。而在家里，如果你运气好的话，你可能会有一个像我妻子那样的人来提醒你，你的权力范围在哪里。普里西拉总是给予我温馨的提醒："你在家不是执行副总裁。"但是在工作中，别人把你当成领导者，你必须警惕自己变得过于自负。在心里对自己说"你永远不会比你以为的更出色"。这句话是我从凯文·梅耶斯（Kevin Myers）那里学来的，他负责迪士尼所有度假区的运营工作。凯文是与我共事的人中最沉稳、最高效的行政主管之一。他总是保持谦虚谨慎，从不止步于已有的成绩，不断地探索管理迪士尼度假区的更好方式，所以他能取得如此耀眼的成绩。

并非每一位专业化人士都是领导者，也不是每一位领导者都是真正的专业化人士。不过，倘若你想要成为一名卓越的领导者的话，你就必须每时每刻都表现得十分专业。用我妻子那句话来引导你吧，就像那句话引导了我一样。请始终表现得你像是在舞台上表演一样，因为从某种程度上说，你的确就站在舞台上。

## 行动步骤

* 总是表现出激情和责任心。

* 每天兴致高涨地去上班，用你的激情去感染你的员工。

* 花合适的时间在工作上，用合适的方式做合适的事情。

* 保持积极的态度，并用积极的态度感染他人。

* 建立牢固的合作伙伴关系，并且在你的合作伙伴需要你时总是及时出现。

* 设定高标准，并努力达到你自己设定的标准。

* 通过你的行为举止、外表穿着和周围环境给外界留下好的印象。

* 探索为员工打破单调乏味和千篇一律的工作方法。

* 努力使对手成为合作伙伴，并且总是主动迈出第一步。

* 解决问题的时候注重合作而不是冲突。

* 明白何时站到一边并让他人领导。

* 做专业化素养方面的行为榜样。切记，你经常站在舞台上，请表现良好！

# 第十二章

## 策略十：人格魅力，才是吸引员工最大的"磁铁"

我的岳父查尔斯·N.佩恩（Charles N. Payne）曾经当过美国海军少将。我曾问过他最初知道自己愿意为祖国而死是什么时候，他说，在他开始服役并宣誓捍卫美国宪法的那一天。后来他又补了一句令我终生难忘的话："李，你必须很早就明确你自己的价值主张。这样，事情发生的时候，你才能准备好做出正确的反应。"我发现这句话对于任何领域的领导者而言都是对的。你作为一名领导者，每天都要面对很多道德和伦理方面的艰难决策。你必须清楚你自己的价值主张是什么，并准备好做出正确的选择。

这一章是关于人格魅力的内容。当我们说某个人很有人格魅力的时候，我们通常是说这个人具有良好的思想道德修养。卓越的领导者不仅具备我前面已谈到的技能、心态和行为特质，而且还应具有闪耀的人格魅力。你的价值主张是什么？你的核心价值观是什么？你在哪些方面让人印象深刻？倘若你想成为一名卓越的领导者，你不但需要知道如何回答这些问题，而且还需要将这些问题的答案灌输给你的员工，并用你的实际言行去强化它们。领导人应该学会董事长兼创会主席弗朗西斯·赫塞尔本在她的《赫塞尔本谈领导艺术》一书中说到的："领导艺术是如何做人的问题，不是如何做事的问题。"

我时常想，企业领导者也应该像律师和医生一样有一套职业道德标准。我说的不只是像不能做假账或欺骗股东之类的显性规定，我们已经有这方面的相关法律法规了。我所说的职业道德标准，是指专业化行为的准则，也就是在企业经营管理中的"希波克拉底誓言"，该誓言开头就是"不为害至上"。因为，那些羞辱、虐待和谩骂员工的企业管理者不仅对公司有害，而且对社会也有害。不过，我们现在依然还没有一套广泛适用的企业领导者的职业道德标准，因此，我们每一个人都必须确立我们自己的价值主张体系。以下内容将帮助你确定你的价值主张体系。

**1. 对道德上的两难抉择做出预见。**1972年，我刚刚被任命为纽约达里镇希尔顿酒店执行副经理，当我作为管理者第一次经受人格的考验时，我想到了我岳父的忠告。某一天，当地一家出租车公司的所有者来到我的办公室，递给我一个装有1 000美元现金的信封。他对我说："你只要能确保我的公司是唯一能在酒店前接客的出租车公司，这个信封就归你了。"我感觉我的胃都在抽搐，体温顿时升高了好几度，脸红耳热。在那之前我未曾一次性见过这么多钱，我当时很有理由收下这些钱，因为那时我和普里西拉都很缺钱，正艰难地养活着我们两岁的儿子。1 000美元在那个年代可以支撑我们很长一段时间的生活。但是，我有多明白我们需要钱，我就有多明白我必须做什么。我立即退还了信封。我知道我的价值主张是什么，而且我那时就知道——正如我现在做的那样——我不能越过的道德底线是什么。

我很高兴的是，在别人向我走后门之前，我就已经认真地剖析了自己的职业道德标准。请确保你也会像我那样做，因为你迟早要面临工作中或者生活中的艰难抉择，这只是时间早晚的问题。报纸的头版有许多人们事先没有为那一刻准备好而出现问题的故事。如果你想确定你自己的职业道德标准，你可以问问自己在许多棘手的情形下自己会怎么做。例如：

    * 假如你能够在别人不发现的情况下从公司拿一些钱或者商品，而且你知道别人也在这样做，这种情况下你会如何抉择？

    * 假如你的老板叫你多报库存，以便让他的毛利率看起来更高，你会怎么做呢？

    * 假如你的同事请你为他的朋友或家属帮个忙，但这又违背了公司规定，这种情况下你会如何抉择呢？

    * 假如你知道你的同事吸毒，你会怎么做呢？

    * 假如你知道你的同事正滥用他们的打折特权或使用邮递室发送私人包裹，你会怎么做呢？

    请问问你自己这类问题以及其他一些与你的业务或公司相关的问题。预想你可能会碰到的道德和职业操守方面的两难抉择并想好应对策略，当类似的情形真的发生时，你就能做出正确的选择。

    **2. 践行你的价值主张。**优秀的领导者不但明白他们自己的价值主张，而且还将这些价值主张融入他们的每个决策中。在迪士尼世界®度假区，员工们需要遵循7个核心价值观，每一个领导者也都在努力践行。这些核心价值观是：

* 诚信：我们以坦诚的方式对待彼此。诚信是构建信任的关键，它不但是做生意要遵守的经营准则，而且是团队成员或公司员工建立良好关系的方法。因为人们会以各种方式掩盖事实真相，但并不是所有的行为都是不诚信的，因此诚信是一个很复杂的概念。不过，在领导力的实践过程中，诚信的概念则非常简单，概括而言，它是指真诚坦率地对待每一位员工。所以，请多问自己"如果他们发现我并非完全诚信怎么办？"而不是问自己"如果我对员工说了实话，他们不喜欢怎么办？"

* 正直：我们的行为处事与我们的语言和信念一致。一个领导者能做的最糟糕的事情之一，就是嘴上大谈某一事情多么重要，而行动上却反其道而行之。你不能仅仅将你的原则、道德和价值观停留在嘴上，而需要每天践行它们。切记，领导者的人格魅力不是说教出来的，而是从行为中体现出来的。

* 尊重他人：待人以关怀和体贴。你想要得到他人尊重，别人也同样想要得到他人尊重。因此，请仔细想想尊重对你而言意味着什么，然后你就能懂得如何尊重他人。在迪士尼世界®度假区，我们希望员工们尊重每一个与之交往的人——无论其肤色、宗教、文化、性别、性取向或任何其他方面。与所有良好的价值观一样，尊重他人也会带来好的经营业绩。以关怀和体贴来对待员工，他们就能表现超常；而不尊重员工，他们就会时时给你下绊子。

* 勇气：我们用自身的力量和毅力来追求我们的信念。大部分企业都没有培养出正确的勇气，相反地，它们经常使员工很没有安全感以至于都不敢讲真话。事实上，企业面临的最大问题之一就是：

当事情不对劲时，没有人大声说出来。想想安然公司的所有员工都知道发生了什么却都保持沉默，或者当有人提了不恰当或唐突的建议时所有那些三缄其口的人，大声说出来是不是很重要呢？鼓起勇气讲真话可能会使你不受欢迎，但是它会为你带来他人的尊重，更重要的是，也为你带来自尊。

此外，扼杀勇气的成本是高昂的，因为它扼杀了大胆的新想法以及创造性的冒险。切记，企业中的每一个人都知道一些你需要知道但你不知道的东西，而且有些人可能会害怕告诉你实情。假如你能让他们非常安全地说出事实真相，你就会拥有更突出的经营业绩。

* 开放：我们自由地共享信息。通过确保每一位员工都有信息知情权，你其实就是在传递一个信号——每一位员工都很重要（也就是第三章提到的观点），且你希望每一位员工都参与到企业事务中。这就是迪士尼领导者能够不断地从员工那里获得创意而无须自己绞尽脑汁去想的原因。假如你不主动做到开放，员工就不会信任你；假如员工不信任你，你就不会有公信力；假如你没有公信力，你就不会有影响力；假如你没有影响力，你也就只是空有一个领导的名头而已。

* 多样性：我们追求、看重和尊重员工的差异性。我在第三章中谈到了 RAVE 原则——尊重（Respect）、感激（Appreciate）和重视（Value）、每个人（Everyone），这个原则很好地表述了迪士尼公司的多样性文化。多样性文化的真正目的在于实现完全的包容。

我建议你定期反复阅读一下本书的第三章，因为当你真正领悟那一章的精髓之后，你的企业一定会以超乎你最大期望的态势发展。

*平衡：我们追求稳定与活力之间的平衡。我的岳母桑珊（Sunshine），人如其名。某次，她对我说："李，你们这帮孩子如果能每天打个盹的话，你们的工作一定会做得更好。"她说的"孩子"是指我和其他高层管理人员，"打个盹"是指休息和娱乐。她说得非常对。迪士尼公司非常看重员工工作与生活的平衡，我们认为能平衡好工作与生活的员工才能做出最出色的业绩，并将平衡纳入我们的核心价值观体系中。我们希望我们的员工快乐生活、快乐工作、身心健康，因为这些都是能让企业强大的要素。如果你创造一种父亲能够暂时放下手头工作去看看孩子在学校的表现，或者母亲能够在解决日托问题上得到支持的环境，你将赢得百倍的回报。假如你不能创造这样的环境，你就会失去很多优秀的员工，特别是那些懂得他们最重要的领导职责是什么的已经为人父母的员工们。就算他们没有辞职，他们也不会全力以赴地为你工作了。

这7个价值观已经为迪士尼带来了出色的服务、员工的高度忠诚和优秀的经营业绩。但是，我还想再增加一个价值观——有趣，我认为这也是每一个组织都应该具备的价值观。大部分人花在工作上的时间比花在家里的时间多，因此，工作不应该是一种煎熬。我认为，领导者有责任让工作变得有趣。假如你创造了包容和快乐的企业文化，并有一套强有力的价值观体系，你的企业在遇到问题时就会团结一致，经营利润也会滚滚而来。

**3. 培养人格魅力，而不只是提高技能。** 一名领导者首先要做的是固化自己的人格魅力并确定自己的价值主张，然后还要帮助团队中的每一个成员这么做。切记，你不仅要培训员工一些诸如电脑软件的使用和客户投诉的处理之类的技能技巧，还要教会他们发展诸如善良、谦虚、靠谱等人格魅力特质以及价值理念，因为你培养的是未来的领导者而不是劳动工人。你领导的员工们也应当明白，他们接受的是两种类型完全不同但却同等重要的培训：（1）专业技能；（2）做人的道德准则。而且请记住，在你训练员工要有好的价值观的过程中，最重要的是，你自己作为一名领导者如何践行这些价值观。阿尔伯特·爱因斯坦（Albert Einstein）曾经说过："树立榜样不是影响他人的主要方法，而是唯一方法。"所以，不要只将你的价值观停留在夸夸其谈上，而是每天不断地坚持践行它们，并让大家都能看到。

在华特·迪士尼公司的每一天，我都能看到人格魅力的培养对企业成功所带来的深刻影响。举个例子，有一次，一个游客在迪士尼度假区突发心脏病。幸运的是，速食餐厅的一位一线员工非常清楚要做什么，他立即拨打911急救电话，然后亲自实施心肺复苏急救。后来，客户病情很快稳定下来并被迅速送往医院。员工懂得如何去挽救客户生命，就是迪士尼公司对安全和健康紧急情况如何处理的细致培训的切实证明。更让人印象深刻的是接下来发生的事情。这位员工后来还去医院看望了这位客户和他的妻子，不仅如此，当客户出院后，在他们接下来的旅程中，这位员工每天问候他们的情况，几个月后还给他们寄去了圣诞卡片。这就是人格魅力培养的切实体现。

　　这里还有一个迪士尼公司员工展现真正的人格魅力的故事。在迪士尼世界®这么大的地方，难免会有客户丢失一些物品——帽子啦，签名簿啦，相机啦，或者是装满现金的钱包啦，等等。我要说的这个故事发生在阿纳海姆的迪士尼度假区，客户丢失的是一颗牙齿。一个小孩在乐园里游玩时牙齿掉了，他妈妈在最近的水龙头那儿冲洗牙齿时，不慎将它掉到了下水道中。孩子疯狂大哭，因为他担心牙仙子晚上将不会光顾他的枕头。正在那时，有一位员工恰好看见了这一场景，他立刻给设施维修部打电话，维修部的人员打开了下水道依然没有找到牙齿。于是，维修部的员工告诉客户下午5点到乐园出口附近的客户服务中心等候。到了约定的时间，员工们给了孩子一个包装精美的盒子，里面有一颗牙齿，他们告诉孩子牙齿是小叮当找到的。事实是他们制作了一颗非常逼真的假牙，那个开心的孩子根本看不出来它是假的。不用说，设施维修部员工们的职责根本不包括为孩子制作假牙并哄孩子高兴，但是有人格魅力的人总是会多做一些事情。他们全力以赴，愿意尝试各种方法让工作更加出色。

　　就像我们告诉所有员工的，并非奇迹推动了迪士尼的运行，而是员工的工作方式让迪士尼公司充满了奇迹。我上面提到的员工们为客户创造了奇迹。而这种奇迹又让这些客户在筹备下一次假期计划，或者向他们的朋友推荐旅游目的地时想到迪士尼。

　　**4. 把你的价值观传递给别人。** 有的公司领导者通过书面文字方式直白地把他们的价值观告诉员工，有的则主要通过榜样的力量以及日常工作接触来传递他们的价值观，这取决于不同公司的文化。不管你采用何种方式，你都要确保每一位员工都明白你的价值主张是什么，并且确保每一位员工都受同一套价值体系的指导。这里有一大一小两家公司的例子，它们受迪士尼公司的鼓舞，都将公司的价值主张传递给了员工，并建立起了自己的企业文化。

我想说的大公司是第五章曾提到的跨国制造企业——加迪安工业公司。迪士尼学院®的理念的是"企业文化是设计出来的，而不是任其自然形成的"。这家公司的行政主管在迪士尼学院®接受了培训后，对这个理念很感兴趣。当然，加迪安工业公司像其他公司一样，已经有了自己的企业文化，有一定的价值观和标准规范，但该公司的文化和价值观一直没有用明确的语言进行表述过。员工们要在公司待上一段时间才能明白公司的价值观。当时加迪安正处于快速发展时期，经常从其他公司招聘员工，公司领导者非常担心企业文化能否保持住。他们想确保新一代的员工能够传承公司的核心价值观，并通过全球化运营不间断地保持下去。加迪安的高层领导在迪士尼学院®培训后，设计出了一个正式文件——后来被称为"加迪安方式"，该文件明确描述了公司赖以生存的六个核心价值观。虽然公司并没有将这些价值观张贴在公司的任何一个场所，甚至没有公布在公司网站上，但它们都是通过示范的方式传递给员工们的，并且从招聘员工的面试流程开始，它们的内涵就已经传递给员工了。加迪安工业公司一位行政主管如此说道："我们可以教会员工如何制造玻璃或构建产品，但我们无法教给他们人格魅力。"你也可以仿照加迪安工业公司的做法。当领导者按照公司的价值观表现时，一线员工才能真正接纳这些价值观，即便他们并没有见到有关这些价值观的任何文字描述。结果呢，加迪安工业公司打造出了一种充满生机、富有包容性的企业文化，虽然它的全球分支机构有着差异巨大的语言和风俗习惯，但目标都一致。

我想说的小公司是第八章中提及的那家小型非营利机构——南佐治亚州的美国第二丰收组织，这家公司将其核心价值观正式化，并将它们教给员工。当该公司的首席执行官弗兰克·理查兹在迪士尼学院®学到领导者的行为通常反映出其价值理念后，他就决定明确表述出指导公司愿景的价值观，然后让每一位当前的以及未来的员工认可这些价值观。在全体员工的努力付出下，弗兰克和他的领导层用简明扼要的语句表述了公司的文化、使命、愿景、品牌和定位，公司的每一个人都要理解并遵守这些东西。每一个工作申请者和志愿者都会看到这些表述，然后明确公司对他们的要求。这些表述还被张贴在休息室里，印制在公司宣传材料上。弗兰克和其他领导者也经常强调这些价值理念，而且他们在做决策时也时常参考这些价值观。

上述是两个大小企业表述并传递其核心价值观的两种不同做法。你的方法可能与它们的方法都不一样，那也无所谓。重要的是，你要深入了解，对你而言最重要的价值理念到底是什么，然后把它们清晰地表述出来，并有效地教授给你领导的员工。

当你的生命结束之时，没有人会在意你曾经拥有过什么头衔，或者你赚了多少钱，或者你认为你是个多大的人物。如果你确实在意你的传承的话——假如你想成为一名卓越的领导者，你确实应该在意——那么，请持久而密切地注意你的价值观以及你的价值观所基于的各种原则。如果你很有人格魅力，并将自己的行为建立在那个基础上，你将会被认为是一名值得效仿的领导者。

公平、诚信、尊重他人、合作、正直、富有、勇气、关怀他人——这些以及类似的美德将会让你拥有道德权威，而道德权威又是一名领导者能够拥有的最强有力和最持久的权威。当你拥有了道德权威，员工就会信任你、敬仰你，你才能够心想事成。

# 行动步骤

* 知道你自己的价值主张，并且每时每刻都去践行这些价值主张。

* 请记住：只有当员工确信你对他们尽心尽力后，他们才会为你全力以赴。

* 始终坚持说实话，编造和篡改事实只会造成不信任。

* 对每个人都要热心、敏感和尊重，即使你是在指导或者忠告他们时。坚强的领导者是不屈不挠的人而不是冷酷的人。

* 千万不要羞辱任何人。你没有这样的权力。

* 千万不要伤害别人的自尊和自信。谁也没有权力这样做。

* 有勇气坚持正确的事情。

* 决不做任何违法或接近违法的事情，也决不让你的员工这么做。

* 坦率地对待所有人，并鼓励他们也坦率地对你。

* 创造多样化的工作环境，并尊重你周围每个人的差异性。

* 学会放松和娱乐，并鼓励你的团队也这样做。

* 确保你领导的每一位员工都明白公司的价值观，并教会他们遵循这些价值理念。

* 切记领导者的影响力是建立在你的人格魅力的基础上的，假如你人格魅力不足，你离开之后也很难留下任何影响。

第十三章

**给员工看得见的未来，企业才有未来**

　　不管你是一名跨国公司的首席执行官，或是首次担任经理的人，抑或只是一名兼职员工，无论你喜不喜欢，你都是一名领导者。你可能已经是一名卓越的或者优秀的领导者，也许你仍然有许多需要学习的地方，但只要你读了这本书，你就掌握了成为一名领导者的核心要义，也拥有了成为一名比现在更加优秀的领导者的可能。所以，作为一名领导者，在你的工作领域和日常生活中，你所做出的每一个选择都会产生深远的影响，记住这点是非常重要的。你将有机会对企业经营状况和他人生活产生重大影响。正如我在第一章中提到过的，"领导"二字不单单意味着一种角色或头衔，它更是一种庄重的责任。

　　而且在今天，这种责任比以往任何时候都要重大。我们生活的这个世界（同时也是你的企业所存在的世界）从未像今天这样错综复杂、不可预测、紧密联系。结果就是，作为一名领导者，你的决策和行为会对很多人的生活产生影响。另外，当今时代对于领导能力的要求相比以前已经大不一样了。其中的一个原因就是，你现在领导的员工，更重要的是你将来要领导的员工，具有更高的教育程度、更开阔的眼界，他们更多地融入了全球信息网络时代。这些员工的特点多样，女性数量和男性一样多，他们在种族、宗教、国籍等方面各不相同。

十几岁、二十几岁的这一代人，在职业生涯的起步和发展阶段，有着不同于父辈的期待、需求和渴望。这些年轻的员工们不仅不再把终身效力于一家公司奉为圭臬，而且渴望灵活的、非专制化的工作环境，这样的话他们才能被当作独立的个体来对待，从而得到充分的尊重，同时自身的潜能才能得到充分的发挥。他们渴望有意义的工作、有趣的挑战和均衡的生活；同时他们希望从工作的第一天起就能够参与到工作中并得到赏识；他们也无法忍受像我这个年纪的员工在职业生涯早期所承受的那种不被尊重的待遇；他们不想被所谓的上级视为下属；他们希望与那些谦逊的、关注实际工作而不是身份地位的领导者共事。

现在新一代员工也更富创造性，更加高效。在撰写本章的过程中，我偶然看到一篇题为《公司如何鼓励创新》（*How Companies Can Encourage Innovation*）的文章。通过引用多位商业和经济领域专家的观点，这篇文章提出创造性和创新性是竞争力的关键所在。这些专家当中有一位名叫理查德·佛罗里达（Richard Florida）的，是《创新阶层的崛起》（*The Rise of the Creative Class*）一书的作者。他谈道："我们正在从工业经济转向创新经济，创新性人才在经济增长过程中具有关键性的促进作用。"文章中引用的一项调查显示，88% 的美国工人认为自己具有创造性，但是少于三分之二的员工认为自己在工作中正在发挥创造潜能。那么，问题来了：近 30% 的被调查者宁肯到工资相对较低但是重视他们的创造性的公司工作，20% 的被调查者宁可搬迁到其他城市也要到重视其创造性的公司工作。这种情况下的员工在选择工作时并不仅仅是基于收入水平，而且这样的员工的数量正在日益增多。他们会基于自己的兴趣爱好、价值取向等多种因素去选择工作岗位，而其中最重要的一点是用人单位对待员工的方式。

新一代员工也不再像以往那样痴迷于成为公司首席执行官。许多进入职场的年轻人都是在父母一心一意专注于事业的家庭环境中成长起来的。他们看到了父辈的工作生活不平衡所导致的后果：没有足够的时间与爱人在一起、离婚的痛苦、工作压力导致的疾病等等，他们不想再重蹈覆辙。他们会努力地工作，也会取得出色的成绩，但他们不愿意为了工作或公司而放弃他们自己的生活。

结束语：只有那些拥有懂得如何吸引、发展及留住那些聪明、有活力、有创新力的员工的领导者的公司才会成为未来的赢家——且未来即将来临。时代真的在变化，假如你无法适应这些变化，你的员工就会成群结队地离开你。不过，假如你能践行本书中提出的这些通用领导力策略和原则，我敢保证，你将赢得员工的忠诚，并让你的企业腾飞。

不过，请谨记，改变企业文化非一朝一夕之功。创造一个完全以人为本的、互相尊重的环境需要大量时间。领导者不仅需要有长远的眼光、有技巧的实施策略，还需要有耐心、毅力和坚强的意志。在华特·迪士尼世界®度假区，我们了解到，一般一个机构中大约20%的员工是积极支持改革的，大概有30%的员工是抵制改革的，而另外50%的员工是否支持改革取决于他们如何被领导。我的建议就是，把最后那50%作为你的主要目标。虽然，对这3个群体的员工你都应该教育引导，但你还是应该多在那些骑墙派身上花最

多的时间和精力。一旦他们看到了你对他们的尽心尽力，他们也将
为你和你的企业全力以赴，而这也将帮助他们自己成为更强有力的
领导者。

　　改革需要时间的事实不应该作为你推迟行动的借口。你需要立
刻行动起来——不是等到明天，也不是在今天，而是昨天就应开始。
毕竟，岁月如梭，请不要浪费一分一秒。领导者总是要做出许多艰
难的抉择，而这样的过程现在已经开始了。当你在做出这些艰难的
决定时，请充分考量你的决定将如何影响迪士尼公司所谓的"三条
腿"——客户（消费者）、员工（雇员）和业绩指标。当你在仔细
思考你的抉择对这三方面的影响时，你就在充分衡量每一个人的关
注点。一旦你充分考虑了这些因素，就请大胆往前走，做出决策并
付诸实践。

　　最重要的，千万不要去犯很多领导者已经犯过的错误——低估
自己对别人的影响。你说的每句话、做的每件事都会影响别人，可
能比你想象的影响更大。请记住我的妻子普里西拉的睿智之语：请
谨言慎行，员工们都在注意你，评判你。只有当员工因为你能干且
专业化而信任你、因为你有人格魅力而尊重你时，他们才会全心全
意接受你的领导。请努力赢得他们的信任和尊重，我敢保证，你也
可以为你的企业创造奇迹，同样也能在你的事业和生活中创造奇迹。

# 附 录

## 迪士尼学院®

　　我在这本书中描述了一系列使迪士尼公司成为世界上经营管理最好的公司之一的领导艺术原则。但是，你从一本书中学到的很有限。如果你想真正发掘奇迹背后的东西，没有比亲身去体验迪士尼学院®的培训课程更好的办法了。

　　自 1986 年起，已经有几百万来自世界各地各行各业的人参加了迪士尼学院®的职业发展培训项目，参加的人中，有全球财富 100 强的一大半人，有来自欧洲、亚洲、美洲的顶尖公司的人，也有来自政府机构、非营利公司及其他组织的人。迪士尼学院®在多个地点——包括佛罗里达州的华特·迪士尼世界®度假区、南加利福尼亚州的迪士尼乐园度假区等，而且越来越多的办学地点开设在国外——都能提供内容广泛的培训项目。这些培训项目在迪士尼的各个培训点有声有色地开展起来，参加培训的人员可以亲眼看见上述领导策略在实际应用中的情况。但是，如果在这些单位所在地更合适的话，这些培训也可以在这些单位的地点实施。迪士尼学院®

一年到头都有开放注册培训项目，各种组织机构的人员都可以参加，他们只需要注册一下就好了。学院可以为特定的组织或行业设计专门的培训计划，也可以为各种会议及其他专业的聚会提供主旨发言人（我就是其中一位），还可以在不同的地方举办研讨会。正是由于迪士尼学院®的培训不拘泥于培训地点和培训形式，使迪士尼学院®能够专注在它最擅长的领域做培训，提供诸如卓越领导艺术、高质量服务、忠诚、员工管理以及组织的创造性之类的培训。

　　迪士尼学院®全年都提供面向个人及小型团体的沉浸式、多日开放注册项目。培训人员可以直接与学院代表洽谈关于主旨演讲、三小时工作坊、团队建设项目和其他项目的安排。每个项目都巧妙地将有意义的内容与迪士尼著名的讲故事能力结合起来，增强了培训人员的培训体验。

　　与其他职业发展培训项目不同的是，迪士尼学院®能够为参加培训的人提供，让他们学习如何将迪士尼内部的最佳实践运用到他们自己的工作中去的机会。迪士尼度假区和主题乐园就是逼真的实验室，在这些地方，训练有素的教学工作人员能够将培训人员从课堂带到现实世界中，将他们带到幕后以便近距离观察创造了迪士尼奇迹的工作实践。来到迪士尼学院®参加培训的人总是能以全新的角度看待自己的企业，然后带着灵感和收获回到自己的工作岗位来实施创新实践。迪士尼学院®还为学员们提供亲自观察迪士尼的台前与幕后的独特机会，让他们看看迪士尼的奇迹是如何创造的。我敢保证，无论你是管理新手，还是老练的行政主管，只要你来到迪士尼学院<sup>®</sup>，你就能以全新的视角重新看待自己的公司，然后在离开的时候能带着更好的准备以领导你的公司创造更好的业绩。

请拨打 407-566-7625，或登录迪士尼学院<sup>®</sup>网站 www.disneyinstitute.com，了解更多详细信息。

# 致 谢

由衷感谢以下为本书及我的生活做出贡献的人。他们每个人都很重要，而且我想让他们每个人都知道他们对我很重要。

首先，我最想感谢我的妻子普里西拉，多年前她就教会了我领导艺术最根本的一点："李，请谨言慎行，员工们都在注意你，评判你。"感谢你的提醒，感谢你坚定的信念和支持，感谢你陪我一同走过 40 年的风风雨雨。

感谢我的其他家庭成员：我的儿子丹尼尔和他的妻子瓦莱丽，他们俩无论是在生活中还是在工作中都是一对优秀的领导者；我可爱的孙子和孙女朱利安、玛戈特和德雷斯坦，他们每天都教给我一些有价值的东西；我的岳母桑珊·佩恩，正如她的名字一样，为我们的生活带来阳光；以及我所有的家族成员——科克雷尔家族、佩恩家族、凯纳加斯家族、库克家族、霍华德家族和维特兹家族。

感谢菲利普·戈德堡：感谢你阅读了本书初稿、这些年来我写的所有东西，以及了解我关于领导力的想法和理念，然后将本书提升到了更高的水平。在共同撰写本书的过程中，你我从相识到相知。（菲利普在这里也想感谢他的妻子洛丽·多伊奇鼓励他接受这份工作，并全程热情支持。）

感谢我的经纪人林恩·富兰克林：感谢我们40年的友谊，感谢你鼓励我写出这本书，感谢你说动菲利普·戈德堡和我一起写这本书，感谢你的职业专长使本书在世界各地得以出版。

感谢我在纽约的律师斯蒂芬·谢泼德：感谢你帮助我从各种麻烦中解脱出来，使所有的合同问题能够顺利解决。

感谢我在迪士尼的合作伙伴：鲍勃·高尔，感谢你的教导，感谢你使我们所有人都能沿着正确的轨道前进；乔治·阿圭尔，感谢你对本书撰写的大力支持；托马斯·凯瑟德，感谢你为本书提供了重要的法律评述和建议，感谢你对本书的优秀编辑和内容介绍；克里斯·安布罗斯、艾米·格罗夫、布鲁斯·琼斯、萨拉·琼斯、辛西娅·麦克罗斯－贝克尔、肯·米拉斯基、罗布·莫顿、汤姆·内比、杰夫·诺埃尔、乔安妮·里赛克、玛丽·埃伦·斯塔尼斯、贝丝·史蒂文斯和克里斯·赛德罗，感谢你们为本书的内容和营销提供的建议和指导。

感谢华特·迪士尼世界®的所有员工：感谢你们多年来教给我的一切。你们就是奇迹！

感谢来自其他公司的迪士尼学院®的客户：杰夫·阿德勒、布鲁斯·卡明斯、约翰尼·德·比尔、梅勒尼·弗伦奇、约翰·凯利、玛丽兰妮·凯尔茨、劳里·科塔斯、斯图尔特·麦克唐纳、安东·波基特、吉姆·珀维斯、富兰克·理查德和比尔·沃克，感谢你们向我提供自身故事，帮助我收集他人故事，感谢你们的热情和慷慨支持。

感谢我的好友和前同事克里斯·莫尔：感谢你提供了有关贾德

森·格林带给华特·迪士尼世界®的领导艺术和公司文化变革方面的简要史料。

感谢我的好友、以前的同事以及我现在的市场营销副总裁德雷希·亨特：感谢你敏锐的洞察力，感谢你提供了迪士尼卓越领导力策略如何在你自己的事业中发挥重大作用的故事。

感谢道布尔迪出版社的工作团队：罗杰·斯库尔，感谢你对本书的肯定，感谢你贯穿始终的热情和鼓励；塔丽娅·克劳恩，感谢你率直、专业的反馈意见及优秀的编辑能力（菲利普和我非常喜欢与你一起工作）；梅瑞狄斯·麦克吉尼斯和吉利安·沃尔法斯，感谢你们出色的营销策划；伊丽莎白·黑泽尔顿，感谢你为本书做的推广。

© 民主与建设出版社，2022

**图书在版编目（CIP）数据**

为什么离职的多是好员工 / (美) 李·科克雷尔著；
陈红梅译 . —— 北京 : 民主与建设出版社，2022.7
书名原文 : Creating Magic
ISBN 978-7-5139-3892-1

Ⅰ . ①为… Ⅱ . ①李… ②陈… Ⅲ . ①企业管理 – 人
事管理 Ⅳ . ① F272.92

中国版本图书馆 CIP 数据核字 (2022) 第 124899 号

Published by agreement with the author, c/o the Chinese Connection Agency, a division of The Yao Enterprises, LLC.

Copyright © 2008 by Lee Cockerell.

著作权合同登记号：01-2022-3838

**为什么离职的多是好员工**
WEISHENME LIZHI DE DUOSHI HAOYUANGONG

| | | |
|---|---|---|
| 著　　者 | ［美］李·科克雷尔 | |
| 译　　者 | 陈红梅 | |
| 责任编辑 | 程　旭 | |
| 封面设计 | 末末美书 | |
| 出版发行 | 民主与建设出版社有限责任公司 | |
| 电　　话 | （010）59417747　59419778 | |
| 社　　址 | 北京市海淀区西三环中路 10 号望海楼 E 座 7 层 | |
| 邮　　编 | 100142 | |
| 印　　刷 | 唐山富达印务有限公司 | |
| 版　　次 | 2022 年 7 月第 1 版 | |
| 印　　次 | 2022 年 9 月第 1 次印刷 | |
| 开　　本 | 880 毫米 ×1230 毫米　　1/32 | |
| 印　　张 | 9.25 | |
| 字　　数 | 198 千字 | |
| 书　　号 | ISBN 978-7-5139-3892-1 | |
| 定　　价 | 56.00 元 | |

注：如有印、装质量问题，请与出版社联系。